Dr. Jaerock Lee

Budėkite

ir melskitės

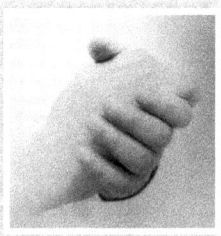

*Jis sugrįžo pas mokinius ir, radęs
juos miegančius, tarė Petrui:
„Negalėjote nė vienos valandos pabudėti
su manimi? Budėkite ir melskitės,
kad nepatektumėte į pagundą.
Dvasia ryžtinga,
bet kūnas silpnas."
(Evangelija pagal Matą 26, 40-41)*

Budėkite ir melskitės by Dr. Jaerock Lee
Published by Urim Books (President: Johnny H. Kim)
73, Yeouidaebang-ro 22-gil, Dongjak-gu, Seoul, Korea
www.urimbooks.com

Visos teisės saugomos. Šios knygos ar jos dalių panaudojimas bet kokia forma, saugoma paieškos sistemoje, arba perduodama bet kokia forma ir bet kokiomis priemonėmis – elektroninėmis, mechaninėmis, fotokopijų, įrašų ar kitomis – be išankstinio raštiško leidėjo sutikimo yra draudžiamas.

Copyright © 2010 by Dr. Jaerock Lee
ISBN: 979-11-263-0676-3 03230
Translation Copyright © 2007 by Dr. Esther K. Chung. Used by permission.

Urim Books išleista korėjiečių kalba 1992 m.

Pirmas leidimas – 2021 m. vasaris

Redaktorė Dr. Geumsun Vin
Leidėjas Editorial Bureau of Urim Books
Spaustuvė Yewon Printing Company
Daugiau informacijos: urimbook@hotmail.com

Įžanga

Dievas įsakė mums nuolat melstis ir įvairiais būdais paaiškino mums, kodėl turime tai daryti. Dievas ragina mus melstis, kad nepatektumėme į pagundą.

Kaip kvėpavimas nėra sunki našta sveikam ir žvaliam žmogui, taip gyvenimas pagal Dievo žodį ir nuolatinėje maldoje dvasiškai sveikam tikinčiajam yra natūralus ir nesunkus, nes kai žmogus nuolat meldžiasi, jis būna sveikas ir viskas jam sekasi tai gerai, kaip sekasi jo sielai. Maldos reikšmė neapsakomai svarbi.

Žmogus, kurio gyvenimas nutrūko, nebekvėpuoja. Lygiai taip pat numirusios dvasios žmogus dvasiškai nekvėpuoja. Kitaip sakant, žmogaus dvasia numirė dėl Adomo nuodėmės, bet tie, kurių dvasia buvo atgaivinta Šventosios Dvasios, turi nesiliauti meldęsi, kol jų dvasia gyva, kaip kvėpuojame, kol esame gyvi.

Naujai įtikėjusieji, neseniai priėmę Jėzų Kristų, yra kaip kūdikiai. Jie nežino, kaip melstis, ir malda jiems atrodo varginanti. Tačiau kai jie ne pasiduoda, bet atkakliai pasikliauja Dievo žodžiu ir uoliai meldžiasi, jų dvasia auga ir stiprėja, o maldos gyvenimas atgyja. Paskui šie žmonės pamato, kad negali gyventi nesimelsdami, kaip ir nekvėpuodami.

Malda yra ne tik mūsų dvasinis kvėpavimas, bet ir durys į pokalbį tarp Dievo ir Jo vaikų, kurios turi būti visada atviros. Nuoširdaus bendravimo nebuvimas tarp tėvų ir vaikų daugelyje šiuolaikinių šeimų yra tikra tragedija. Abipusis pasitikėjimas sugriautas, ir jų santykiai yra tik formalumas. Tačiau nėra nieko, ko negalėtume pasakyti savo Dievui.

Mūsų visagalis Dievas yra rūpestingas Tėvas, kuris geriausiai mus pažįsta ir supranta, visą laiką skiria mums didžiulį dėmesį ir nori, kad mes nuolat kalbėtumės su Juo. Visiems tikintiesiems malda yra beldimas į Dievo širdies duris, jas atrakinantis raktas ir ginklas, peržengiantis laiko ir erdvės ribas. Ar mes nematėme, negirdėjome ir nepatyrėme, kaip galinga malda pakeičia krikščionių gyvenimą ir pasaulio istoriją?

Kai melsdamiesi nuolankiai prašome Šventosios Dvasios pagalbos, Dievas pripildo mus Šventąja Dvasia, leidžia aiškiau suprasti Jo valią, gyventi ja, suteikia jėgų nugalėti priešą velnią ir pergalingai gyventi šiame pasaulyje. Tačiau kai žmogus apleidžia maldą ir nejaučia Šventosios Dvasios vedimo, jis vadovaujasi savo protu bei teorijomis ir gyvena netiesoje, ne pagal Dievo valią, todėl jam sunku išsigelbėti. Štai kodėl Biblija sako mums Laiške kolosiečiams 4, 2: „Būkite atsidėję maldai, budėkite su ja dėkodami," ir Evangelijoje pagal Matą 26, 41: „Budėkite ir melskitės, kad nepatektumėte į pagundą. Dvasia ryžtinga, bet kūnas silpnas." Vienatinis Dievo Sūnus Jėzus atliko visus savo darbus pagal Dievo valią tik dėl maldos galios. Prieš pradėdamas savo viešą tarnystę mūsų Viešpats Jėzus pasninkavo 40 dienų ir parodė maldos gyvenimo pavyzdį, nuolat ir visur melsdamasis savo trejus metus trukusios tarnystės metu.

Daug krikščionių pripažįsta maldos svarbą, bet nedaug iš jų sulaukia atsakymų iš Dievo, nes nežino, kaip melstis pagal Dievo valią. Ilgą laikai labai sielojausi matydamas ir girdėdamas tokius žmones, bet labai džiaugiuosi išleisdamas knygą apie maldą, pagrįstą asmenine patirtimi iš daugiau negu 20 metų tarnystės.

Tikiuosi, kad ši nedidelė knyga labai padės kiekvienam skaitytojui susitikti bei patirti Dievą ir gyventi galingą maldos gyvenimą. Tegul kiekvienas skaitytojas budi ir nuolat meldžiasi, kad būtų sveikas, ir viskas jam taip sektųsi, kaip sekasi jo sielai, meldžiu mūsų Viešpaties vardu!

Jaerock Lee

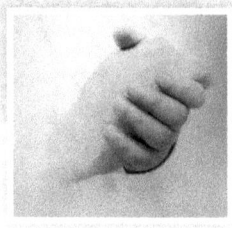

Turinys

Budėkite ir melskitės

Įžanga

1. skyrius
Prašykite, ieškokite, belskite 1

2. skyrius
Tikėkite gavę 19

3. skyrius
Malda, kuri Dievui patinka 31

4. skyrius
Kad nepatektumėte į pagundą 51

5. skyrius
Teisiojo malda 65

6. skyrius
Susitarimo maldos galia 77

7. skyrius
Visuomet melskitės ir nepaliaukite 91

1 skyrius

Prašykite, ieškokite, belskite

„Prašykite, ir jums bus duota,
ieškokite, ir rasite,
belskite, ir bus jums atidaryta.
Kiekvienas, kas prašo, gauna,
kas ieško, randa,
ir beldžiančiam atidaroma.
Argi atsiras iš jūsų žmogus, kuris savo vaikui, prašančiam
duonos, duotų akmenį?!
Arba jeigu jis prašytų žuvies,
nejaugi paduotų jam gyvatę?
Tad jei jūs, būdami nelabi,
mokate savo vaikams duoti gerų daiktų,
juo labiau jūsų dangiškasis Tėvas
duos gera tiems, kurie jį prašo."

(Evangelija pagal Matą 7, 7-11)

1. Dievas duoda gerų dovanų prašantiems

Dievas nenori, kad Jo vaikai kentėtų skurdą ir ligas, Jis trokšta, kad viskas jų gyvenime sektųsi. Tačiau, jeigu mes tik sėdime rankas sudėję ir nieko nedarome, nieko ir negausime. Nors Dievas gali duoti mums viską, kas yra visatoje, nes viskas priklauso Jam, Jis nori, kad Jo vaikai prašytų, ieškotų ir siektų, kaip senas posakis byloja: „Turi pamaitinti verkiantį kūdikį."

Jeigu žmogus norėtų gauti viską, tuščiai leisdamas laiką ir nieko nedarydamas, jis nesiskirtų nuo darže pasodintų gėlių. Ar galite įsivaizduoti, kokie nelaimingi ir nusiminę būtų tėvai, jeigu jų vaikai elgtųsi kaip augalai ir visą dieną praleistų lovoje, nedėdami jokių pastangų gyventi savarankiškai? Taip elgdamiesi jie būtų panašūs į tinginį, kuris švaisto laiką, gulėdamas po medžiu ir laukdamas, kol vaisius įkris jam į burną.

Dievas nori, kad mes taptume išmintingais ir stropiais Jo vaikais, kurie karštai prašo, ieško, beldžia ir todėl džiaugiasi Jo gausiais palaiminimais ir nuoširdžiai garbina Jį. Būtent todėl Viešpats įsako mums prašyti, ieškoti it belstis. Nė vienas tėvas neduos akmens savo vaikui, prašančiam duonos. Nė vienas žmogus neduos savo vaikui gyvatės, jeigu šis prašytų žuvies. Net jeigu žmogus ir labai nedoras, jis vis tiek trokšta duoti gerų daiktų savo vaikams. Nejaugi manote, kad mūsų gerasis ir gailestingasis Dievas – kuris taip pamilo žmoniją, kad atidavė

4 · Budėkite ir melskitės

savo vienatinį Sūnui mirčiai už mus – neduos savo vaikams gerų dovanų, kai jie prašo?

Evangelijoje pagal Joną 15, 16 Jėzus sako: „*Ne jūs mane išsirinkote, bet aš jus išsirinkau ir paskyriau, kad eitumėte, duotumėte vaisių ir jūsų vaisiai išliktų, kad ko tik prašytumėte Tėvą mano vardu, jis visa jums duotų.*" Taip didingai visagalis ir mylintis Dievo pažadėjo atverti dangaus vartus, laiminti mus ir net suteikti, ko trokšta mūsų širdis, kai karštai prašysime, ieškosime ir belsime.

Remdamiesi šio skyriaus pradžioje pacituota Šventojo Rašto vieta išsiaiškinkime, kaip prašyti, ieškoti, belstis ir gauti viską, ko prašome Dievo, kad atneštume Jam didžią garbę ir patys patirtume didį džiaugsmą.

2. Prašykite, ir jums bus duota

Dievas sako visiems žmonėms: „Prašykite, ir jums bus duota," ir trokšta, kad kiekvienas pasaulio žmogus būtų palaimintas ir gautų viską, ko prašo. Ko Viešpats Dievas liepia mums prašyti?

1) Prašykite Dievo stiprybės ir ieškokite Jo artumo

Dievas, sutvėręs visus dangus ir žemę bei viską, kas juose yra, sukūrė žmogų. Jis palaimino žmones ir pasakė jiems būti vaisingiems ir daugintis, pripildyti žemę ir valdyti ją. Viešpatauti ir jūros žuvims, ir padangių paukščiams, ir visiems žemėje judantiems gyvūnams.

Tačiau pirmasis žmogus Adomas nepakluso Dievo žodžiui, prarado šiuos palaiminimus ir slėpėsi nuo Dievo, išgirdęs Jo balsą (Pradžios knyga 3, 8). Be to, visi žmonės tapo nusidėjėliais, nutolo nuo Dievo ir pasuko pražūties keliu, tapę velnio vergais. Mylintis Dievas dėl šių nusidėjėlių atsiuntė savo Sūnų Jėzų Kristų į šią žemę, kad išgelbėtų juos, ir atvėrė išganymo vartus. Kiekvienam žmogui, kuris priima Viešpatį Jėzų Kristų savo asmeniniu Gelbėtoju ir tiki Jo vardu, Dievas atleidžia visas nuodėmes ir suteikia šventosios Dvasios dovaną.

Tikėjimas į Jėzų Kristų atveda mus į išgelbėjimą ir įgalina gauti stiprybės iš Dievo. Tik Dievui suteikus stiprybės ir galios, galime gyventi sėkmingą religinį gyvenimą. Kitaip tariant, tik su malone ir stiprybe iš aukštybių galime nugalėti pasaulį ir gyventi pagal Dievo žodį. Taip turime gauti valdžią iš Dievo, kad nugalėtume velnią.

Psalmyne 105, 4 parašyta: „*Pagalbos ieškoti eikite pas VIEŠPATĮ, visada ieškokite jo Artumo.*" Mūsų Viešpats Dievas yra „AŠ ESU, KURIS ESU" (Išėjimo knyga 3, 14), dangaus ir žemės Sutvėrėjas (Pradžios knyga 2, 4), ir visos istorijos bei

6 · Budėkite ir melskitės

visatos Valdovas nuo pradžios ir amžinai. Dievas yra Žodis ir Žodžiu sukūrė viską, kas egzistuoja visatoje, todėl Jo žodis yra galia. Žmogaus žodžiai nuolat keičiasi, jie neturi galios sukurti ką nors iš nieko. Skirtingai nuo žmogaus žodžių, kurie nuolat keičiasi ir neturi tiesos, Dievo žodis yra gyvas ir pilnas jėgos, jis turi kūrimo galią.

Todėl nesvarbu, koks bejėgis žmogus bebūtų, jeigu jis išgirsta gyvą Dievo žodį ir patiki juo neabejodamas, jis taip pat gali parodyti kūrimo darbą ir padaryti ką nors iš nieko. Sukūrimas ko nors iš nieko yra neįmanomas be žmogaus tvirto tikėjimo Dievo žodžiu. Štai kodėl mūsų Viešpats Jėzus Kristus visiems, kurie ateidavo pas Jį, sakė: *„Tebūnie tau, kaip įtikėjai."* Trumpai tariant, prašyti stiprybės iš Dievo yra tas pats, kas prašyti Jo suteikti mums tikėjimą.

Ką reiškia „visada ieškoti Jo artumo"? Kaip negalime sakyti, kad pažįstame kokį nors žmogų, jeigu niekada nebuvome susitikę su juo, „ieškoti Jo artumo" reiškia stengtis pažinti Dievą. Tai reiškia, kad tie, kurie anksčiau vengė Dievo artumo ir nenorėjo girdėti Jo balso, dabar atveria savo širdį, ieško Dievo, stengiasi suprasti Jį ir trokšta girdėti Jo balsą. Nusidėjėlis negali pakelti galvos ir stengiasi paslėpti nuo kitų savo veidą. Tačiau, gavęs nuodėmių atleidimą, jis gali drąsiai pakelti galvą ir pažvelgti kitiems į akis.

Lygiai taip pat visi žmonės tapo nusidėjėliais per nepaklusnumą Dievo žodžiui, bet jeigu gauna nuodėmių atleidimą, priėmę Jėzų Kristų ir tampa, Dievo vaikais, gavę Šventąją Dvasią, pamato Dievą, kuris yra Šviesa, nes teisusis Dievas paskelbia juos teisiaisiais.

Svarbiausia priežastis, dėl kurios Dievas liepia žmonėms ieškoti Jo artumo yra Jo troškimas, kad visi jie – nusidėjėliai – susitaikytų su Dievu ir gautų Šventąją Dvasią, prašydami Jo artybės, ir taptų Jo vaikais, reginčiais Jo veidą. Kai žmogus tampa Dievo Kūrėjo vaiku, jis gauna dangaus karalystę ir amžinąjį gyvenimą bei laimę, tai palaiminimai, už kuriuos didesnių nebegali būti.

2) Prašykite Dievo karalystės ir jo teisumo

Žmogus, kuris gavo Šventąją Dvasią ir tapo Dievo vaiku, pradeda gyventi naują gyvenimą, nes jis atgimsta iš Dvasios. Dievas, kuriam viena siela yra brangesnė už visus dangus ir žemę, sako mums, savo vaikams, labiau už viską siekti Jo karalystės ir teisumo (Evangelija pagal Matą 6:33).

Jėzus sako Evangelijoje pagal Matą 6, 25-33:

Todėl aš sakau jums: per daug nesirūpinkite savo gyvybe, ką valgysite, nei savo kūnu, kuo vilkėsite. Argi

8 · Budėkite ir melskitės

gyvybė ne daugiau už maistą ir kūnas už drabužį? Įsižiūrėkite į padangių sparnuočius: nei jie sėja, nei pjauna, nei į kluonus krauna, o jūsų dangiškasis Tėvas juos maitina. Argi jūs ne daug vertesni už juos? O kas iš jūsų gali savo rūpesčiu bent per vieną sprindį prailginti sau gyvenimą?! Ir kam gi taip rūpinatės drabužiu?! Pasižiūrėkite, kaip auga lauko lelijos. Jos nesidarbuoja ir neverpia, bet sakau jums: nė Saliamonas pačioje savo didybėje nebuvo taip pasipuošęs kaip kiekviena jų. Jeigu Dievas taip aprengia laukų gėlę, kuri šiandien žydi, o rytoj metama į krosnį, tai argi jis dar labiau nepasirūpins jumis, mažatikiai? Todėl nesisielokite ir neklausinėkite: 'Ką valgysime?' arba: 'Ką gersime?' arba: 'Kuo vilkėsime?' Visų tų dalykų vaikosi pagonys. Jūsų dangiškasis Tėvas juk žino, kad viso to jums reikia. Jūs pirmiausia ieškokite Dievo karalystės ir jo teisumo, o visa tai bus jums pridėta.

Ką reiškia ieškoti Dievo karalystės ir Jo teisumo? Kitaip sakant, ko turime prašyti, trokšdami Dievo karalystės ir Jo teisumo?

Dievas atsiuntė savo vienatinį Sūnų į žemę ir leido Jėzui mirti ant kryžiaus dėl žmonių, kurie buvo priešo velnio vergai, pasmerkti pražūčiai. Dievas per Jėzų Kristų taip pat sugrąžino mums prarastą valdžią ir atvėrė išgelbėjimo kelią. Kuo plačiau paskleisime naujieną apie Jėzų Kristų, kuris mirė už mus ir prisikėlė, tuo daugiau šėtono jėgų sunaikinsime. Kuo daugiau šėtono jėgų sunaikinsime, tuo daugiau pražuvusių sielų pasuks išgelbėjimo keliu. Kuo daugiau sielų išsigelbės, tuo didesnė bus Dievo karalystė. Todėl „ieškoti Dievo karalystės" reiškia melstis už sielų išganymą ir pasaulinę misiją, kad visi žmonės taptų Dievo vaikais.

Mes gyvenome tamsoje, nuodėmėje ir nedorybėse, bet per Jėzų Kristų gavome teisę ateiti pas Dievą, kuris yra Šviesa, Dievas gyvena gerume, teisume ir šviesoje, todėl su nuodėmėmis ir nedorybėmis negalime nei ateiti pas Jį, nei tapti Jo vaikais.

Todėl „ieškoti Dievo teisumo" reiškia melstis už mirusios žmogaus dvasios atgaivinimą, kad jo sielai sektųsi, ir jis taptų teisus, gyvendamas pagal Dievo žodį. Turime prašyti, kad Dievas apšviestų mus savo žodžiu ir leistų mums išgirsti Jo žodį, išeiti iš nuodėmės ir tamsos, gyventi šviesoje ir būti pašventintiems, apsirengti Dievo šventumu.

Kūno darbų atmetimas, paklūstant Šventosios Dvasios troškimams, ir šventėjimas, gyvenant tiesoje, yra Dievo teisumo siekimas. Be to, kai ieškome Dievo teisumo, mes džiaugiamės gera sveikata ir mums viskas taip gerai sekasi, kaip sekasi mūsų sielai (Jono trečias laiškas 1, 2). Štai kodėl Dievas liepė mums pirmiausia ieškoti Dievo karalystės ir Jo teisumo, o visa kita pažadėjo pridėti.

3) Prašykite, kad taptumėte Jo darbininkais ir gerai atliktumėte Dievo duotas pareigas

Jeigu prašote Dievo karalystės ir teisumo, turite melstis, kad taptumėte Jo darbininku. Jeigu jau esate Dievo darbininkai, turite karštai melstis kad gerai atliktumėte Dievo duotas pareigas. Dievas atsilygina uoliai Jo ieškantiems (Laiškas hebrajams 11, 6) ir Jis atmokės visiems pagal darbus (Apreiškimas Jonui 22, 12).

Apreiškime Jonui 2, 10 Jėzus sako: *„Būk ištikimas iki mirties, ir aš tau duosiu gyvenimo vainiką!"* Net šiame gyvenime stropiai mokydamasis žmogus mokosi gali gauti stipendiją ir įstoti į gerą universitetą. Kas uoliai dirba, būna paaukštinamas ir gauna didesnį atlyginimą.

Dievas duoda daugiau pareigų ir didesnį atpildą tiems savo vaikams, kurie ištikimai vykdo iš Jo gautas pareigas. Atpildas šiame pasaulyje neprilygsta atpildui dangaus karalystėje nei dydžiu, nei šlove. Todėl kiekvienas iš mūsų turi tvirtai tikėti ir karštai melstis, kad taptų brangiu Dievo darbininku.

Kas dar neturi Dievo duoto darbo, tas turi melstis, kad taptų Dievo karalystės darbininku. Kas jau gavo pareigas iš Dievo, tas turi melstis, kad gerai jas atliktų ir siekti didesnių pareigų. Pasauliečiai turi melstis, kad taptų diakonais, o diakonai – kad taptų vyresniaisiais. Namų ląstelės vadovas turi melstis, kad taptų rajono padalinio vadovu, pastarasis – kad taptų rajono vadovu, o šis – kad pakiltų dar aukščiau. Tai nereiškia, kad žmogus turi prašyti diakono ar vyresniojo titulo. Jis turi trokšti ištikimai atlikti savo pareigas, atiduodamas visas jėga, tarnauti ir būti Dievo naudojamas dideliems darbams.

Žmogui, vykdančiam Dievo duotas pareigas, svarbiausia yra ištikimybė, kuri įgalina jį atlikti net didesnes pareigas už dabartines. Todėl jis turi karštai melstis, kad Dievas jį pagirtų: „Gerai, šaunusis ir ištikimasis tarne!"

Pirmame laiške korintiečiams 4, 2 parašyta: „O iš prievaizdų reikalaujama, kad būtų patikimi." Todėl visi turime melstis, kad taptume ištikimais Dievo darbininkais savo bažnyčiose, Kristaus kūne, atlikdami skirtingas pareigas.

4) Prašykite kasdienės duonos

Jėzus gimė vargšas, kad atpirktų žmones iš skurdo. Jėzus buvo nuplaktas ir praliejo savo kraują, kad išgydytų visas ligas ir negalias. Todėl Dievo vaikams būdinga būti sveikiems ir klestėti visose gyvenimo srityse.

Kai mes pirmiausia meldžiame ir ieškome Dievo karalystės ir Jo teisumo, Jėzus sako, kad ir visa kita bus mums pridėta (Evangelija pagal Matą 6, 33). Kitaip sakant, Paprašę Dievo karalystės ir Jo teisumo, turime prašyti dalykų, kurių mums reikia šiame gyvenime: maisto, drabužių, pastogės, darbo, palaiminimų darbe, gerovės savo šeimose ir kitų. Tuomet Dievas aprūpins mus kaip yra pažadėjęs. Atsiminkite, kad jeigu prašome šių dalykų savo geiduliams patenkinti, bet ne Dievo garbei, Jis neatsakys į mūsų maldas. Dievas nekreipia dėmesio į prašymus patenkinti nuodėmingus troškimus.

3. Ieškokite ir rasite

Jeigu jūs ieškote, tai reiškia, kad kažką praradote. Dievas nori, kad žmonės atrastų tai, ką prarado. Jis liepė mums ieškoti, todėl pirmiausia turime išsiaiškinti, ką praradome, kad žinotume, ko ieškoti, ir kaip tai atrasti.

Tai ką mes praradome ir kaip to ieškoti? Pirmasis Dievo sukurtas žmogus buvo gyva būtybė turinti dvasią, sielą ir kūną. Galėdamas bendrauti su Dievu, kuris yra Dvasia, pirmasis žmogus džiaugėsi visais Dievo duotais palaiminimais ir gyveno pagal Jo žodį.

Tačiau pasidavęs šėtono gundymui pirmasis žmogus nepaklausė Dievo įsakymo. Pradžios knygoje 2, 16-17 parašyta: *„Ir įsakė žmogui VIEŠPATS Dievas, tardamas: "Nuo visų sodo medžių tau leista valgyti, bet nuo gero bei pikto pažinimo medžio tau neleista valgyti, nes kai tik nuo jo paragausi, turėsi mirti."'*

Nors svarbiausia žmogaus pareiga yra bijoti Dievo ir laikytis Jo įsakymų (Mokytojo knyga 12, 13), pirmasis žmogus sulaužė Dievo įsakymą. Kaip Dievas ir buvo įspėjęs, žmogui paragavus

Prašykite, ieškokite, belskite · 13

gero ir pikto pažinimo medžio vaisių, jo dvasia numirė, ir jis tapo sieliniu žmogumi, nebegalinčiu bendrauti su Dievu. Be to, visų jo palikuonių dvasios neteko gyvybės, ir jie tapo kūniškais žmonėmis, nebegalinčiais atlikti visų savo pareigų. Adomas buvo išvarytas iš Edeno sodo į prakeiktą žemę. Jis ir visi jo palikuonys turėjo gyventi sielvarte, kančiose bei ligose ir savo veido prakaitu pelnyti duoną. Jie nebegalėjo siekti kūrinijai numatyto Dievo tikslo ir ėmė vaikytis beprasmių dalykų, vadovaudamiesi savo protu ir savanaudiškais geiduliais, žmonija sugedo.

Mirusios dvasios žmogus, turintis tik sielą ir kūną, gali atgyti ir gyventi, siekdamas Dievo kūrinijai numatyto tikslo, tik atradęs savo prarastą dvasią. Tik mirusiai dvasiai atgijus žmoguje, šis tampa dvasiniu žmogumi, gali bendrauti su Dievu, kuris yra Dvasia, ir tapti tikru žmogumi. Todėl Dievas liepia mums ieškoti savo prarastos dvasios.

Dievas atvėrė visiems žmonės kelią į mirusios dvasios atgaivinimą, ir tas kelias yra Jėzus Kristus. Jeigu tikime į Jėzų Kristų, kaip Dievas mums pažadėjo, gausime Šventąją Dvasią, kuri ateis, apsigyvens mumyse ir sugrąžins gyvybę mūsų mirusiai dvasiai. Kai ieškome Dievo veido ir įsileidžiame Jėzų Kristų, išgirdę Jo beldimą į mūsų širdies duris, Šventoji Dvasia ateina ir atgimdo mūsų dvasią (Evangelija pagal Joną 3, 6). Kai gyvename, paklusdami Šventajai Dvasiai, atmetame kūno darbus, uoliai klausome Dievo žodžio, priėmę pasidarome jį savo duona ir meldžiamės pagal jį, Dievo padedami išmokstame gyventi pagal Jo žodį. Tai procesas, kuriame mirusi dvasia atgyja, ir mes tampame dvasios žmonėmis, atgaudami prarastą Dievo paveikslą.

Jeigu norime suvalgyti labai maistingą kiaušinio trynį, turime pramušti bei nulupti lukštą ir pašalinti baltymą. Lygiai taip pat, kad tikintysis taptų dvasiniu žmogumi, kūno darbai turi būti atmesti, ir jis turi atgimti iš Šventosios Dvasios. Tai ir yra „ieškojimas", apie kurį Dievas kalbėjo.

Įsivaizduokime, kad pasaulyje sugedo visos elektros tiekimo sistemos. Joks ekspertas, dirbdamas vienas, nepašalins gedimo. Jam reikės labai daug laiko paskirstyti darbą daugybei elektrikų ir daugybės elektros sistemų įrangos dalių, kad atnaujintų elektros tiekimą visame pasaulyje.

Lygiai taip pat, norėdami atgaivinti mirusią dvasią ir tapti tobulais dvasios žmonėmis, turime girdėti ir studijuoti Dievo žodį. Tačiau vien Dievo žodžio žinių nepakanka tapimui dvasios žmogumi, turime priimti jį kaip savo širdies duoną ir melstis, kad pajėgtume gyventi pagal Dievo žodį.

4. Belskite, ir bus jums atidaryta

Durys, apie kurias kalbėjo Viešpats, yra Dievo pažado durys, kurios bus atidarytos, kai belsime į jas. Į kokias duris Dievas liepia mums belsti? Tai mūsų Dievo širdies durys. Prieš mums beldžiantis į Dievo širdies duris, Jis pirmas pasibeldė į mūsų širdies duris (Apreiškimas Jonui 3, 20). Išgirdę Jo beldimą, atvėrėme savo širdies duris ir priėmėme Jėzų Kristų. Dabar mūsų eilė belstis į Jo širdį. Mūsų Dievo širdis platesnė už dangų ir gilesnė už vandenyną, todėl kai beldžiamės į Jo neaprėpiamos širdies duris, galime gauti viską.

Kai karštai meldžiamės ir beldžiame į Dievo širdies duris, Jis atveria dangaus vartus ir apipila mus lobiais. Dievui – kuris atrakina, ir niekas nebeužrakina – atvėrus dangaus vartus ir išliejus palaiminimus, niekas negali sustabdyti Jo palaiminimų srauto (Apreiškimas Jonui 3, 7).

Mes gauname atsakymus iš Dievo, kai beldžiame į Jo širdies duris. Tačiau pagal tai, kiek beldžiamės į šias duris, gauname didelių arba mažų palaiminimų. Jeigu tikintysis nori gauti didelį palaiminimą, dangaus vartai turi būti plačiai atverti. Todėl jis turi atkakliai belsti į Dievo širdies duris ir Jam patikti.

Dievui patinka ir Jis džiaugiasi, kai atmetame nedorybes ir gyvename pagal Jo įsakymus tiesoje. Jeigu gyvename pagal Dievo žodį, gausime viską, ko prašome. „Belsti į Dievo širdies duris" reiškia gyventi pagal Dievo įsakymus.

Kai garsiai beldžiamės į Jo širdies duris, Dievas niekada nesupyksta ir neklausia: „Kodėl keli tokį triukšmą?" Priešingai, Dievas apsidžiaugia ir duoda, ko prašome. Todėl viliuosi, kad belsitės į Dievo širdies duris savo darbais, gausite viską, ko prašote, ir atnešite daug Garbės Dievui.

Ar kada nors esate pašovę paukštį laidyne? Prisimenu, kaip kadaise vienas iš mano tėvo draugų pagyrė mano laidynių darymo įgūdžius. Laidynė yra įtaisas šaudyti akmenukais, gumos juostą pririšus prie Y raidės formos rėmo, rūpestingai išdrožto iš medžio šakos.

Jeigu palygintume tekstą Evangelijoje pagal Matą 7, 7-11 su šaudymu laidyne, „prašyti" reikštų rasti laidynę ir akmenį paukščiui sumedžioti. Paskui jums reikia šaulio įgūdžių, kad pataikytumėte į paukštį. Kokia nauda iš geros laidynės ir akmens, jeigu nemokate šaudyti? Jums reikia pasidaryti taikinį, sužinoti šaudymo laidyne ypatybes, šaudyti į taikinį ir išsiaiškinti, kaip sumedžioti paukštį. Šis procesas yra „ieškojimas" Skaitydami, priimdami Dievo žodį ir padarydami jį savo širdies duona, jūs išsiugdysite būtinas savybes gauti atsakymams iš Dievo.

Jeigu išmokote naudotis laidyne ir norite likti taikliu šauliu, turite nuolat šaudyti, tai galima palyginti su „beldimu". Jūs niekada nepamušite paukščio, net turėdami laidynę, akmenų ir puikių šaulio įgūdžių, jeigu nešaudysite. Kitaip tariant, tik gyvendami pagal Dievo žodį, tik jam tapus mūsų širdies duona, mes gausime iš Dievo viską, ko prašome.

Prašymas, ieškojimas ir beldimas yra ne atskiri procesai, bet glaudžiai persipynusios vieno vyksmo gijos. Dabar jūs žinote, ko prašyti ir ieškoti bei kur belstis. Atneškite didžią garbę Dievui, būdami jo palaiminti vaikai ir gaudami, ko trokšta širdis, atkakliai ir karštai prašydami, ieškodami ir belsdami, meldžiu mūsų Viešpaties vardu!

2 skyrius

Tikėkite gavę

Iš tiesų sakau jums: kas pasakytų šitam kalnui:
'Pasikelk ir meskis į jūrą',
ir savo širdyje nesvyruotų,
bet tikėtų įvyksiant, ką sako,
tai jam ir įvyktų..
Todėl sakau jums:
ko tik melsdamiesi prašote,
tikėkite gavę,
ir tikrai taip bus.

(Evangelija pagal Morkų 11, 23-24)

1. Didi tikėjimo galia

Vieną dieną Jėzų lydėję mokiniai išgirdo savo Mokytoją sakantį bevaisiam figmedžiui šiuos žodžius: „Tegul per amžius ant tavęs nemegs vaisiai!" Pamatę, kad figmedis bemat nudžiūvo, mokiniai nustebo ir paklausė Jėzaus, kaip tai atsitiko. Jėzus jiems atsakė: „*Iš tiesų sakau jums: jeigu turėtumėte tikėjimo ir nesvyruotumėte, ne tik galėtumėte taip padaryti su figmedžiu, bet pasakytumėte šitam kalnui: 'Pasikelk ir meskis į jūrą!' ir taip atsitiktų.*" (Evangelija pagal Matą 21, 21).

Jėzus pažadėjo: „*Iš tiesų, iš tiesų sakau jums: kas mane tiki, darys darbus, kuriuos aš darau, ir dar už juos didesnių, nes aš keliauju pas Tėvą. Ir ko tik prašysite mano vardu, aš padarysiu, kad Tėvas būtų pašlovintas Sūnuje. Jei ko prašysite manęs mano vardu, aš padarysiu.*" (Evangelija pagal Joną 14, 12-14) ir: „*Jei pasiliksite manyje ir mano žodžiai pasiliks jumyse, jūs prašysite, ko tik norėsite, ir bus jums suteikta. Tuo bus pašlovintas mano Tėvas, kad jūs duosite gausių vaisių ir būsite mano mokiniai.*" (Evangelija pagal Joną 15:7-8).

Dievas Kūrėjas yra priėmusiųjų Jėzų Kristų Tėvas, todėl jie gauna, ko trokšta širdis, kai su tikėjimu paklūsta Dievo žodžiui. Evangelijoje pagal Matą 17, 20 Jėzus sako: „*Dėl silpno tikėjimo. Iš tiesų sakau jums: jei turėtumėte tikėjimą kaip garstyčios grūdelį, jūs tartumėte šitam kalnui: 'Persikelk iš čia į tenai' ir jis persikeltų. Jums nebūtų nieko negalimo.*" Tai kodėl tiek daug žmonių nesulaukia iš Dievo atsakymų ir neatneša Jam garbės, nors meldžiasi valandų valandas? Išsiaiškinkime, kaip atnešti garbę Dievui ir gauti viską, ko meldžiame ir prašome.

2. Tikėkite visagaliu Dievu

Žmogus gyvybės palaikymui nuo pat gimimo jam reikia maisto, drabužių, būsto ir kitų dalykų. Tačiau kvėpavimas ypatingai svarbus žmogaus gyvybei; nustojęs kvėpuoti jis labai greitai miršta. Dievo vaikams, priėmusiems Jėzų Kristų ir atgimusiems iš naujo, taip pat daug ko reikia gyvenimui, tačiau labiausiai maldos.

Malda yra kelias į dialogą su Dievu, kuris yra Dvasia, ir mūsų dvasios kvėpavimas. Melstis taip pat reiškia prašyti Dievo ir gauti iš Jo atsakymą, maldoje svarbiausia širdis, tikinti į visagalį Dievą. Pagal tikėjimo į Dievą laipsnį žmogus jaučia, kad Dievas tikrai atsakys, ir sulaukia atsakymų pagal savo tikėjimą.

Kas yra Dievas, kuriuo mes tikime?

Kalbėdamas apie save Apreiškime Jonui 1, 8 Dievas sako: *„Aš esu Alfa ir Omega"*, *sako Viešpats Dievas, kuris yra, kuris buvo ir kuris ateis, Visagalis.*" Dievas, aprašytas Senajame Testamente, yra visatos Kūrėjas (Pradžios knyga 1, 1-31), kuris perskyrė Raudonąją jūrą ir leido izraelitams, išėjusiems iš Egipto, pereiti ją (Išėjimo knyga 14, 21-29). Kai izraelitai pakluso Dievo įsakymui, žygiavo aplink Jericho miestą septynias dienas ir garsiai sušuko, atrodžiusios nesugriaunamos Jericho sienos sugriuvo (Jozuės knyga 6, 1-21). Kai Jozuė meldėsi Dievui mūšio su amoritais įkarštyje, Dievas sustabdė saulę ir mėnulį (Jozuės knyga 10, 12-14).

Naujajame Testamente Jėzus, visagalio Dievo Sūnus, prikėlė numirusius (Evangelija pagal Joną 11, 17-44), gydė visas ligas ir negalias (Evangelija pagal Matą 4, 23-24), atvėrė akis akliesiems (Evangelija pagal Joną 9, 6-11) pakėlė luošuosius ir suteikė jiems jėgų vėl vaikščioti (Apaštalų darbai 3,1-10). Jis išvarė piktąsias dvasias savo žodžiu (Evangelija pagal Morkų 5, 1-20) ir penkiais duonos kepalais ir dviem žuvimis sočiai pamaitino 5000 vyrų (Evangelija pagal Morkų 6, 34-44). Be to, nuramindamas vėją ir bangas savo mokinių akivaizdoje, Jis parodė esąs visko, kas yra visatoje, Valdovas (Evangelija pagal Morkų 4, 35-39).

Todėl turime tikėti į visagalį Dievą, duodantį mums gerų dovanų iš meilės. Jėzus pasakė Evangelijoje pagal Matą 7, 9-11: *„Argi atsiras iš jūsų žmogus, kuris savo vaikui, prašančiam duonos, duotų akmenį?! Arba jeigu jis prašytų žuvies, nejaugi paduotų jam gyvatę? Tad jei jūs, būdami nelabi, mokate savo vaikams duoti gerų daiktų, juo labiau jūsų dangiškasis Tėvas duos gera tiems, kurie jį prašo."* Mylintis Dievas nori duoti savo vaikams geriausias dovanas.

Dievas iš begalinės meilės atidavė už mus savo vienintelį

Sūnų Jėzų Kristų. Ar gali būti kas nors, ko jis mums neduotų? Izaijo knyga 53, 5-6 sako: *„Bet jis buvo sužalotas dėl mūsų nusižengimų, ant jo krito kirčiai už mūsų kaltes. Bausmė ant jo krito mūsų išganymui, ir mes buvome išgydyti jo žaizdomis. Visi mes pakrikome lyg avys, kiekvienas eidamas savo keliu, o VIEŠPATS užkrovė jam mūsų visų kaltę."* Per Jėzų Kristų, kurį Dievas paaukojo už mus, mes gavome gyvybę iš mirties, ramybę bei išgydymą.

Jeigu Dievo vaikai tarnauja visagaliui gyvajam Dievui kaip savo Tėvui ir tiki, jog Dievas veikia visose aplinkybėse, kad viskas išeitų į gera mylintiems Jį, ir atsako Jo besišaukiantiems, jie turi ne jaudintis ir rūpintis gundymų bei skausmų laikais, bet dėkoti, džiaugtis ir melstis.

Tai reiškia „tikėti į Dievą", kuris džiaugiasi, matydamas tokį tikėjimą. Dievas atsiliepia pagal mūsų tikėjimą ir pateikdamas savo buvimo įrodymą leidžia mums atnešti Jam garbę.

3. Prašykite tikėdami ir nė kiek neabejodami

Dievas, dangaus ir žemės bei žmonijos Kūrėjas, įkvėpė žmones parašyti Bibliją, kad visi sužinotų Jo valią ir apvaizdą. Visais laikais Dievas pasirodo tiems, kas tiki Jo žodžiu ir vykdo jį, ir patvirtina mums, kad Jis gyvas ir visagalis, ženklais ir stebuklais.

Visi žmonės gali įtikėti gyvąjį Dievą, vien matydami Jo

kūrinius (Laiškas romiečiams 1, 20), ir garbinti Dievą, gaudami atsakymus į maldas, kai meldžiasi su tikėjimu į Jį.

Galime turėti „kūnišką tikėjimą", tikėdami, kai mūsų žinios ir mintys neprieštarauja Dievo žodžiui, ir „dvasinį tikėjimą", kuriuo gauname atsakymus iš Dievo. Kai Dievo žodis sako žmogaus protui neįtikėtinus dalykus, ir mes su tikėjimu prašome, Dievas duoda mums tikėjimą ir įsitikinimo jausmą, kurie pavirsta atsakymu į maldą – tai dvasinis tikėjimas.

Jokūbo laiške 1, 6-8 parašyta: *„Tegul prašo tikėdamas, nė kiek neabejodamas, nes abejojantis žmogus panašus į jūros bangas, varinėjamas ir blaškomas vėjo. Toksai žmogus tegul nemano ką nors gausiąs iš Viešpaties toks dvilypis, visuose savo keliuose nepastovus žmogus."*

Abejonės, kurias mums atneša priešas velnias, kyla iš žmogaus žinių, minčių, argumentų ir pretenzijų. Abejojanti širdis yra dvilypė ir klastinga, todėl Dievas labiausiai ja bjaurisi. Ar jums nebūtų skaudu, jeigu jūsų vaikai netikėtų, kad esate jų biologiniai tėvai? Tuo labiau, kaip Dievui atsakyti į savo vaikų maldas, jeigu šie netiki, kad Jis yra jų Tėvas, kuris sukūrė ir maitina juos?

Dievo žodis primena: *„Kūno rūpesčiai priešiški Dievui; jie nepaklūsta Dievo įstatymui ir net negali paklusti. Kas gyvena kūniškai, negali patikti Dievui"* (Laiškas romiečiams 8, 7-8) ir ragina nugalėti *„gudravimus ir bet kokią puikybę, kuri sukyla prieš Dievo pažinimą, ir paimti nelaisvėn kiekvieną mintį, kad* *paklustų Kristui"* (Antras laiškas korintiečiams 10, 5).

Kai mūsų tikėjimas pasikeičia, tampa dvasiniu tikėjimu, ir mes nė truputėlio neabejojame, Dievas labai džiaugiasi ir duoda mums viską, ko prašome. Kai nei Mozė, nei Jozuė neabejojo, bet veikė tikėjimu, jie perskyrė Raudonąją jūrą, perėjo Jordano upę ir sugriovė Jericho sienas. Lygiai taip pat, jeigu jūs pasakytumėte kalnui: „Pasikelk ir meskis į jūrą" ir neabejotumėte širdyje, bet tikėtumėte, kad tai, ką sakote, įvyks, tikrai taip būtų.

Tarkime, jūs sakote Everesto kalnui: „Eik ir meskis į Indijos vandenyną." Ar jūsų malda bus išklausyta? Akivaizdu, kad Everesto kritimas į Indijos vandenyną sukeltų pasaulinę katastrofą. Tai negali būti ir nėra Dievo valia, todėl ši malda liks neišklausyta, kad ir kiek melstumėtės, nes Jis neduos jums dvasinio tikėjimo, kuris neturi abejonių.

Jeigu maldoje prašote ko nors prieš Dievo valią, Jis neduos jums tikėjimo širdimi. Pradžioje galite tikėti, kad būsite išklausyti, bet, laikui bėgant, pradės augti abejonės. Tik kai meldžiamės ir prašome pagal Dievo valią, nė kiek neabejodami, būname išklausyti. Todėl, jeigu jūsų maldos neišklausytos, turite suprasti ir pripažinti, kad prašėte ko nors prieš Dievo valią arba nusidėjote abejonėmis, abejojote Jo žodžiu.

Jono pirmas laiškas 3, 21-22 sako: „*Mylimieji, jei širdis mūsų nesmerkia, mes pasitikime Dievu ir gauname iš jo, ko prašome, nes laikomės jo įsakymų ir darome, kas jam patinka."* Žmonės, besilaikantys Dievo įsakymų ir darantys, kas Jam patinka, neprašo nieko, kas prieštarauja Dievo valiai. Mes gausime viską, ko prašome, kol meldžiamės pagal Jo valią. Dievas mums sako: *"Ko tik melsdamiesi prašote, tikėkite gavę, ir tikrai taip bus."*

Norėdami sulaukti atsakymų iš Dievo, pirmiausia turite įgyti dvasinį tikėjimą, kurį jis duoda, kai elgiamės ir gyvename pagal Dievo žodį. Kai nugalėsite gudravimus ir bet kokią puikybę, kuri sukyla prieš Dievo pažinimą, visos abejonės pranyks, jūs įgysite dvasinį tikėjimą ir gausite viską, ko prašote.

4. Ko tik melsdamiesi prašote, tikėkite gavę

Skaičių knyga 23, 19 sako: *"Dievas nėra žmogus, kad meluotų, ar mirtingasis, kad keistų savo mintį. Tai argi jis neįvykdys, ką pažadėjo? Argi jis nepadarys, ką pasakė?"*

Jeigu tikrai tikite į Dievą, prašykite tikėdami, nė kiek neabejodami ir tikėkite gavę viską, ko meldėte. Dievas yra visagalis ir ištikimas, Jis pažadėjo atsakyti į mūsų maldas.

Tai kodėl tiek daug žmonių negauna atsakymų, nepaisant jų tikėjimo kupinų maldų? Ar Dievas jiems neatsakė? Nieko panašaus. Dievas tikrai atsakė į jų maldas, bet reikia laiko, nes jie nepasiruošę, jie dar netapo indais, galinčiais priimti Jo atsakymus.

Kai ūkininkas sėja, jis tiki sulauksiąs vaisių, bet jie negali užaugti akimirksniu. Pasėtos sėklos išdygsta, užauga, pražysta ir atneša vaisių. Kai kurioms sėkloms reikia daugiau laiko vaisiams subrandinti. Taip ir Dievo atsakymų gavimo procesas reikalauja sėjos ir auginimo darbų.

Tarkime, moksleivis maldoje paprašė: „Leisk man studijuoti Harvardo universitete." Jeigu jis meldėsi, tikėdamas Jo galia, Dievas tikrai atsakys į moksleivio maldą. Tačiau atsakymas gali ateiti ne iš karto. Dievui gali tekti paruošti šį moksleivį, padaryti indu, galinčiu sutalpinti Jo atsakymus, ir tik paskui išpildyti jo prašymą. Dievas suteiks jam jėgų ir ryžto uoliai mokytis, kad taptų mokyklos pirmūnu. Moksleiviui toliau meldžiantis, Dievas apvalys jo protą nuo tuščiagarbio pasaulio minčių, suteiks išminties ir įkvėps dar uoliau mokytis. Dievas veiks jo labui gyvenimo srityse pagal moksleivio darbus, padės įgyti pakankamai žinių ir gerų charakterio savybių, paruoš studijoms ir, laikui atėjus, leis jam mokytis Harvardo universitete.

Ta pati taisyklė tinka ir ligos ištiktiems žmonėms. Kai jie sužinos iš Dievo žodžio ligų atsiradimo priežastis ir kaip gauti išgydymą, jie karštai melsis, tikėdami, kad Dievas gali ir nori juos išgydyti. Jie turi atrasti nuodėmės sieną, skiriančią juos nuo Dievo, ir išsiaiškinti pagrindinę ligos priežastį. Jeigu ligos šaltinis yra neapykanta, jie turi atsikratyti jos ir įgyti mylinčią širdį. Jeigu ligos priežastis yra persivalgymas, jie turi gauti iš Dievo susilaikymo galios ir nugalėti savo žalingą įprotį. Tik per nuskaitinimo procesą Dievas suteikia žmonėms tikėjimą, kad jie pasveiks, ir padaro juos tinkamais Jo atsakymams priimti indais.

Meldimasis už verslo klestėjimą nesiskiria nuo aukščiau minėtų atvejų. Jeigu meldžiate palaiminimo savo verslui, Dievas pirmiausia išbandys jus, kad taptumėte indu, vertu Jo palaiminimo. Jis suteiks jums išminties ir jėgų, kad įgytumėte išskirtinių gebėjimų vadovauti verslui ir plėsti jį, sudarydamas labai palankias sąlygas jūsų veiklai ir rūpindamasis visomis jos sritimis. Dievas suves jus su patikimais verslo partneriais, palaipsniui didins jūsų pajamas ir padės vystytis jūsų bendrovei. Kai ateis Dievo nustatytas laikas, Jis tikrai duos jums viską, ko prašėte maldoje.

Per šį sėjos ir auginimo procesą, Dievas atves jūsų sielą į sėkmę ir išbandys jus, kad padarytų indais, vertais gauti viską, ko prašote. Todėl niekada nepradėkite nekantrauti, vadovaudamiesi savo mintimis. Geriau susitaikykite su Dievo nustatytu laiku ir laukite, kol išmuš Jo numatyta valanda, tikėdami gavę iš Jo atsakymus į savo prašymus.

Visagalis Dievas atsako savo vaikams teisingai, pagal dvasinės karalystės įstatymus, ir džiaugiasi savo vaikų tikėjimu. Laiškas hebrajams 11, 6 primena: „Juk be tikėjimo neįmanoma patikti Dievui. Kas artinasi prie Dievo, tam būtina tikėti, kad jis yra ir jo ieškantiems atsilygina."

Patikite Dievui, tikėdami gavę viską, ko prašėte maldoje, ir atneškite Jam garbę, gaudami viską, ko prašote, meldžiu mūsų Viešpaties vardu!

3 skyrius

Malda, kuri Dievui patinka

Išėjęs iš ten, Jėzus savo įpročiu pasuko į Alyvų kalną.
Įkandin nuėjo ir mokiniai.
Atėjus į vietą, jis įspėjo:
„Melskitės, kad nepakliūtumėte į pagundą!"

Jis atsitolino nuo jų maždaug per akmens metimą
ir atsiklaupęs ėmė melstis:
„Tėve, jei nori, atimk šitą taurę nuo manęs,
tačiau tebūna ne mano, bet tavo valia!"
Jam pasirodė iš dangaus angelas
ir jį sustiprino.
Mirtino sielvarto apimtas,
jis dar karščiau meldėsi.
Jo prakaitas pasidarė
tarsi tiršto kraujo lašai,
varvantys žemėn.

———※———

(Evangelija pagal Luką 22, 39-44)

1. Jėzus parodė pavyzdį, kaip reikia melstis

Evangelija pagal Luką 22, 39-44 pasakoja, kaip Jėzus meldėsi Getsemanės sode naktį, prieš priimdamas mirtį ant kryžiaus ir savo krauju atverdamas išganymo kelią visai žmonijai. Šios eilutės atskleidžia, koks turi būti mūsų širdies nusistatymas, kai ateiname pas Dievą maldoje.

Kaip Jėzus meldėsi, kad gavo jėgų ne tik nešti sunkų kryžių, bet ir nugalėti priešą velnią? Koks Jėzaus širdies nusistatymas taip patiko Dievui, kad šis atsiuntė angelą Jį sustiprinti?

Remdamiesi šiomis eilutėmis, pasigilinkime į teisingą nusistatymą maldoje, kad suprastume, kokia malda patinka Dievui, ir raginu jus gerai ištirti savo maldos gyvenimą.

1) Jėzus be paliovos meldėsi

Dievas per savo žodį pasakė, kad turime be paliovos melstis (Pirmas laiškas tesalonikiečiams 5, 17) ir pažadėjo mums duoti, ko prašysime (Evangelija pagal Matą 7, 7). Nors reikia be paliovos melstis ir visą laiką prašyti, dauguma žmonių meldžiasi tik susidūrę su problemomis arba kai jiems ko nors reikia.

Tačiau Jėzus buvo įpratęs nuolat melstis Alyvų kalne (Evangelija pagal Luką 22, 39). Pranašas Danielius puldavo ant kelių tris kartus per dieną, melsdavosi savo Dievui ir šlovindavo jį (Danieliaus knyga 6, 10), o du Jėzaus mokiniai, Petras ir Jonas, buvo paskyrę maldai tam tikrą dienos laiką (Apaštalų darbai 3, 1).

Turime sekti Jėzaus pavyzdžiu ir išsiugdyti įprotį kasdien melstis specialiai tam skirtu laiku. Dievui ypač patinka maldos auštant, kai žmonės pradėdami dieną viską atiduoda Dievui, ir vakare, kai dienos pabaigoje jie padėkoja Dievui už apsaugą. Jūs galite gauti iš Jo didingos jėgos per šias maldas.

2) Jėzus meldėsi atsiklaupęs

Kai jūs atsiklaupiate, jūsų širdis atiduria teisingoje padėtyje kitų atžvilgiu, jūs rodote pagarbą žmonėms, į kuriuos kreipiatės atsiklaupę. Natūralu pulti ant kelių, meldžiantis Dievui.

Jėzus, Dievo Sūnus, nuolankiai atsiklaupęs meldėsi Dievui. Karalius Saliamonas (Karalių pirma knyga 8, 54), apaštalas Paulius (Apaštalų darbai 20, 36) ir diakonas Steponas, miręs kankinio mirtimi (Apaštalų darbai 7, 60), meldėsi atsiklaupę.

Kai kreipiamės su prašymu į savo tėvus ar viršininkus, mes jaudinamės ir labai stengiamės nesuklysti. Ar drįsime su nešvariu protu ir kūnu kalbėtis su Dievu Kūrėju? Atsiklaupimas išreiškia širdies pagarbą Dievui ir pasitikėjimą Jo galybe. Turime susitvarkyti išvaizdą ir nuolankiai atsiklaupti, kai meldžiamės.

3) Jėzaus malda buvo pagal Dievo valią

Jėzus maldavo Dievą: *„Tačiau tebūna ne mano, bet tavo valia"* (Evangelija pagal Luką 22, 42). Jėzus, Dievo Sūnus, atėjo į žemę mirti ant medinio kryžiaus, nors buvo nekaltas ir be ydų. Jis

Malda, kuri Dievui patinka · 35

meldėsi: „*Tėve, jei nori, atimk šitą taurę nuo manęs.*" Tačiau Jis žinojo, kad Dievo valia buvo išgelbėti visą žmoniją per vieną asmenį, ir meldė ne sau naudos, bet Dievo valios išsipildymo.

Pirmas laiškas korintiečiams 10, 31 sako: „*Ar valgote, ar geriate, ar šiaip ką darote, visa darykite Dievo garbei.*" Jeigu prašome ko nors ne Dievo garbei, bet savo geiduliams patenkinti, mūsų prašymai negeri; turime melstis tik pagal Dievo valią. Dievas sako mums Jokūbo laiške 4, 2-3: „*Geidžiate ir neturite? Tuomet žudote. Pavydite ir negalite pasiekti? Tuomet kovojate ir kariaujate. Jūs neturite, nes neprašote. Jūs prašote ir negaunate, nes negerai prašote tik savo įnoriams patenkinti.*" Pažvelkime atgal ir pasitikrinkime, ar nesimeldėme savo įnoriams patenkinti.

4) Jėzus grūmėsi maldoje

Evangelija pagal Luką 22, 44 pasakoja, kaip nuoširdžiai Jėzus meldėsi: „*Mirtino sielvarto apimtas, jis dar karščiau meldėsi. Jo prakaitas pasidarė tarsi tiršto kraujo lašai, varvantys žemėn.*"

Getsemanės sode, kur Jėzus meldėsi, naktį oras taip atšąla, kad žmogui sunku prakaituoti. Ar įsivaizduojate, kaip nuoširdžiai ir karštai Jėzus meldėsi, jeigu Jo prakaitas pasidarė tarsi tiršto kraujo lašai, varvantys žemėn? Jeigu Jėzus būtų meldęsis tyliai, ar prakaitas būtų Jį išpylęs? Jėzus šaukėsi Dievo aistringai ir karštai, todėl „Jo prakaitas pasidarė tarsi tiršto kraujo lašai, varvantys žemėn."

Pradžios knygoje 3, 17 Dievas pasakė Adomui: *„Kadangi tu paklausei savo žmonos balso ir valgei nuo medžio, apie kurį buvau tau įsakęs: 'Nuo jo nevalgysi!' tebūna už tai prakeikta žemė; triūsu maitinsies iš jos visas savo gyvenimo dienas."* Prieš prakeikimą žmogus gyveno Dievo viskuo aprūpintas. Kai nuodėmė užvaldė žmogų per nepaklusnumą Dievui, jo draugystė su Kūrėju nutrūko, ir jam teko maitintis sunkiu triūsu.

Jeigu tik sunkiu triūsu pasiekiame tai, ką galime, kaip elgtis, kai prašome Dievo ko nors, ko patys negalime padaryti? Prašau atsiminti, kad tik šaukdamiesi maldoje Dievo, sunkiu triūsu ir prakaituodami galime gauti tai, ko trokštame, iš Dievo. Nepamirškite, kad Dievas liepė mums triūsti, kad sulauktume vaisių, ir pats Jėzus sunkiai triūsė ir grūmėsi maldoje. Todėl elkitės kaip Jėzus ir melskitės, kaip Dievui patinka.

Jėzus parodė mums pavyzdį, kaip reikia melstis. Jeigu Jėzus, kuris turėjo visą valdžią, parodė mums maldos nusistatymo pavyzdį, su kokiu nusistatymu turime melstis mes, Dievo kūriniai? Žmogaus išvaizda ir nusiteikimas maldoje išreiškia jo širdį. Mūsų širdis ir nusistatymas yra vienodai svarbūs maldoje.

2. Pagrindiniai maldos, kuri Dievui patinka, principai

Kokia širdimi turime melstis, kad patiktume Dievui, ir mūsų

maldos būtų išklausytos?

1) Jūs turite melstis iš visos širdies

Jėzaus maldos pavyzdys rodo, kad širdies malda kyla iš nusistatymo, meldžiantis Dievui. Žmogaus nusistatymas parodo, su kokia širdimi jis meldžiasi.

Pažvelkite į Jokūbo maldą Pradžios knygos 32-ame skyriuje. Atkeliavęs prie Jaboko upės Jokūbas atsidūrė keblioje padėtyje, jis negalėjo pasukti atgal, nes buvo susitaręs su savo dėde Labanu, kad neperžengs ribos paženklintos Galedo kauburiu. Jis negalėjo kirsti Jaboko upės, nes kitame krante jo brolis Ezavas su 400 vyrų laukė, pasiryžęs suimti Jokūbą. Šioje beviltiškoje padėtyje Jokūbo puikybė ir ego, kuriais jis pasikliovė, buvo visiškai sunaikinti. Jokūbas pagaliau suprato, kad tik viską atidavus Dievui ir palietus Jo širdį, jo bėdos bus patrauktos. Kai Jokūbas tol grūmėsi maldoje, kol jo šlaunis buvo išnarinta, jis pagaliau gavo Dievo atsakymą. Jokūbas palietė Dievo širdį ir susitaikė su savo broliu, kuris laukė, ketindamas susidoroti su juo.

Atidžiai pažvelkime Karalių pirmos knygos 18-ą skyrių, kuriame pranašas Elijas gavo „Ugningą atsakymą" iš Dievo ir atnešė Jam didžią garbę. Stabmeldystei klestint karaliaus Ahabo valdymo laikais, Elijas vienas varžėsi su 450 Baalo pranašų ir nugalėjo juos, išmeldęs Dievo atsakymo izraelitų akivaizdoje ir paliudijęs gyvąjį Dievą.

Tai įvyko tuo metu, kai Ahabas galvojo, kad pranašas Elijas kaltas dėl trejus su puse metų trunkančios sausros Izraelyje, ir ieškojo jo. Tačiau Dievui įsakius Elijui eiti pas Ahabą, pranašas iš karto pakluso. Elijas nuėjo pas karalių, kuris ieškojo jo, norėdamas nužudyti, drąsiai paskelbė Dievo duotą žodį ir viską pakeitė, melsdamasis su tikėjimu, kuriame nebuvo nė ženklo abejonės. Žmonės, kurie garbino stabus, puolė atgailauti ir sugrįžo pas Dievą. Be to, Elijas atsisėdo ant žemės ir priglaudė veidą prie kelių, kai karštai meldėsi, kad Dievas nutrauktų sausrą, alinusią šalį trejus su puse metų (Karalių pirma knyga 18, 42).

Mūsų Dievas primena mums Ezechielio knygoje 36, 36-37: *„Aš, VIEŠPATS, pasakiau, aš ir padarysiu! Leisiu Izraelio namams iš manęs prašyti."* Kitaip tariant, nors Dievas pažadėjo Elijui smarkų lietų Izraelyje, liūtis negalėjo prasidėti be karštos Elijo maldos iš visos širdies. Malda iš visos širdies tikrai gali sujaudinti Dievą ir padaryti Jam tokį įspūdį, kad Jis greitai atsakys mums ir leis atnešti Jam garbę.

2) Jūs turite šauktis Dievo maldoje

Dievas pažadėjo, kad išklausys mus ir atsilieps mums, kai šauksimės Jo, atėję kreipsimės į Jį maldoje ir visa širdimi Jo ieškosime (Jeremijo knyga 29, 12-13; Patarlių knyga 8, 17). Jeremijo knygoje 33, 3 Dievas mums pažadėjo: *„Šaukis manęs, ir aš atsiliepsiu! Pasakysiu tau nuostabių dalykų, paslapčių,* *kurių nežinojai.*" Dievas ragina mus šauktis Jo maldoje todėl, kad šaukdamiesi Dievo pagalbos garsiu balsu, mes pajėgtume melstis iš visos širdies. Kitaip sakant, kai garsiai šaukiame melsdamiesi, mūsų prote nebelieka vietos pasaulio mintis, nuovargiui, mieguistumui ir savo sumanymams.

Tačiau šiandien daug bažnyčių tiki ir moko savo narius, kad tylus elgesys šventovėje yra „pamaldus" ir „šventas." Jeigu kai kas iš jų tarpo ima garsiai šauktis Dievo, kiti skuba teisti „triukšmadarius" už netinkamą elgesį arba net laiko eretikais. Taip atsitinka dėl Dievo žodžio ir Jo valios nežinojimo.

Ankstyvoji bažnyčia, galingų Dievo darbų ir didžiulio dvasinio prabudimo liudininkė, patiko Dievui, nes visi jos nariai buvo pilni Šventosios Dvasios ir vieningai kėlė į Dievą balsus (Apaštalų darbai 4, 24). Ir šiandien Dievas daro daug ženklų bei stebuklų ir siunčia galingą prabudimą toms bažnyčioms, kurios garsiu balsu šaukiasi Dievo, vykdo Dievo žodį ir gyvena pagal Dievo valią.

„Šauktis Dievo" reiškia karštai melstis Dievui pakeltu balsu. Broliai ir seserys Kristuje, šaukdamiesi Dievo maldoje, prisipildo Šventosios Dvasios, priverčia bėgti visas jiems trukdančias priešo velnio pajėgas ir gauna atsakymus į savo maldas bei dvasines dovanas.

Šventajame Rašte randame apsčiai pavyzdžių, kaip Jėzus ir daug tikėjimo protėvių šaukėsi Dievo pakeltu balsu ir buvo išklausyti, gavo atsakymus į savo maldas.

Pasigilinkime į kelis pavyzdžius Senajame Testamente.

Išėjimo knyga 15, 22-25 pasakoja, kaip izraelitai, išėję iš Egipto saugiai perėjo pėsčiomis Raudonąją jūrą, kai Mozė savo tikėjimu ją perskyrė. Tačiau izraelitų tikėjimas buvo silpnas, ir jie murmėjo prieš Mozę, kai nerado vandens, keliaudami per Šūro dykumą. Kai Mozė „šaukėsi" Dievo, kartus Maros vanduo pasidarė saldus.

Skaičių knygos 12-as skyrius pasakoja apie tai, kaip Mozės sesuo Mirjama susirgo raupsais dėl to, kad kalbėjo prieš jį. Kai Mozė šaukėsi Dievo žodžiais: *„O, Dieve, maldauju, išgydyk ją!"* Dievas išgydė Mirjamą nuo raupsų.

Samuelio pirmoje knygoje 7, 9 parašyta: *„Samuelis ėmė žinduklį ėriuką ir atnašavo jį VIEŠPAČIUI kaip deginamąją auką. Izraelio labui Samuelis šaukėsi VIEŠPATIES, ir VIEŠPATS jį išklausė."*

Karalių pirmos knygos 17-ame skyrius pasakoja apie Sarepte gyvenusią našlę, kuri parodė svetingumą Dievo tarnui Elijui. Kai jos sūnus susirgo ir numirė, Elijas šaukėsi Dievo: *„VIEŠPATIE, mano Dieve, maldauju: tesugrįžta šio vaiko gyvastis į jo kūną!"* Dievas išgirdo Elijo balsą, vaiko gyvybė sugrįžo į jo kūną, ir šis atgijo (Karalių pirma knyga 17, 21-22). Dievas, išgirdęs Elijo šauksmą, atsakė į pranašo maldą.

Jona, kuris buvo didžiulės žuvies prarytas ir įkalintas jos pilve už savo nepaklusnumą Dievui, taip pat buvo išgelbėtas, kai maldoje šaukėsi Dievo. Nepaklusniojo pranašo malda užrašyta Jonos knygoje 2, 3: „*Savo nelaimėje šaukiausi VIEŠPATIES, ir jis man atsiliepė. Iš Šeolo pilvo šaukiau, ir tu išgirdai mano balsą!*" Dievas išgirdo jo šauksmą ir išgelbėjo jį. Nepaisant aplinkybių, kuriose galime atsidurti, net jeigu padėtis būtų tokia beviltiška kaip pranašo Jonos, Dievas suteiks mums tai, ko trokšta mūsų širdis, išklausys mus, atsakys į maldą ir patrauks mūsų bėdas, jeigu mes atgailausime už savo blogus darbus Jo akivaizdoje ir šauksimės Jo.

Naujajame Testamente taip pat apstu pasakojimų apie žmones, kurie šaukėsi Dievo.

Evangelijoje pagal Joną 11, 43-44 parašyta, kad Jėzus sušuko garsiu balsu: „*Lozoriau, išeik!*" Ir numirėlis išėjo iš kapo. Jo rankos ir kojos dar buvo suvystytos aprišalais, o veidas apvyniotas drobule. Numirusiam Lozoriui nebūtų buvę jokio skirtumo, ar Jėzus būtų garsiai jį šaukęs, ar šnibždėjęs. Tačiau Jėzus šaukėsi Dievo garsiu balsu. Jėzus Kristus prikėlė iš numirusių savo bičiulį Lozorių, kurio kūnas išgulėjo kape keturias dienas, melsdamasis pagal visagalio Dievo valią ir atnešė didžią garbę Dievui.

Evangelija pagal Morkų 10, 46-52 pasakoja apie aklo elgetos Bartimiejaus išgydymą:

Taip jie ateina į Jerichą. O iškeliaujant jam su mokiniais ir gausinga minia iš Jericho, aklas elgeta Bartimiejus (Timiejaus sūnus) sėdėjo prie kelio. Išgirdęs, jog čia Jėzus Nazarėnas, jis pradėjo garsiai šaukti: „Dovydo Sūnau, Jėzau, pasigailėk manęs!" Daugelis jį draudė, kad nutiltų, bet jis dar garsiau šaukė: „Dovydo Sūnau, pasigailėk manęs!" Jėzus sustojo ir tarė: „Pašaukite jį." Žmonės pašaukė neregį, sakydami: „Nenusimink! Kelkis, jis tave šaukia." Tasai, nusimetęs apsiaustą, pašoko ir pribėgo prie Jėzaus. Jėzus prabilo į jį: „Ko nori, kad tau padaryčiau?" Neregys atsakė: „Rabuni, kad praregėčiau!" Tuomet Jėzus jam tarė: „Eik, tavo tikėjimas išgelbėjo tave." Jis tuoj pat praregėjo ir nusekė paskui Jėzų keliu.

Apaštalų darbai 7, 59-60 pasakoja apie užmušto diakono Stepono kankinio mirtį. Mušamas akmenimis, jis šaukė: *„Viešpatie Jėzau, priimk mano dvasią!"* Paskui suklupęs Steponas mirdamas galingu balsu sušuko: *„Viešpatie, neįskaityk jiems šios nuodėmės!"*

Apaštalų darbuose 4, 23-24; 31 parašyta: *„Paleisti jie [Petras ir Jonas] atėjo pas saviškius ir išpasakojo, ką jiems buvo sakę aukštieji kunigai ir seniūnai. Išklausę visi vieningai pakėlė į Dievą balsus ir taip meldėsi. Jiems pasimeldus, sudrebėjo susirinkimo vieta, visi prisipildė Šventosios Dvasios ir ėmė drąsiai skelbti Dievo žodį."*

Šaukdamiesi Dievo jūs galite tapti tikrais Jėzaus Kristaus liudytojais ir parodyti Šventosios Dvasios galią. Dievas liepė šauktis Jo net pasninko metu. Jeigu didelę pasninko dalį praleidžiame miegodami nuo silpnumo, negausime atsakymų iš Dievo. Dievas pažadėjo Izaijo knygoje 58, 9: „*Tada šauksiesi, ir VIEŠPATS atsilieps, prašysi pagalbos, ir jis tars: 'Aš čia!'*" Pagal Jo pažadą, jeigu šauksimės Jo pasninkaudami, malonė ir galia iš aukštybių nužengs ant mūsų, pasieksime pergalę ir gausime Dievo atsakymą.

„Palyginime apie įkyriąją našlę" Jėzus retoriškai paklausė: „*Bet ar atėjęs Žmogaus Sūnus beras žemėje tikėjimą?*" ir paragino mus šauktis Jo maldoje (Evangelija pagal Luką 18, 1-8). Evangelijoje pagal Matą 5, 18 Jėzus sako: „*Iš tiesų sakau jums: kol dangus ir žemė nepraeis, nė viena raidelė ir nė vienas brūkšnelis neišnyks iš Įstatymo, viskas išsipildys.*" Kai Dievo vaikai meldžiasi, jiems įprasta šauktis Jo maldoje. Tai Dievo įsakymas. Pagal Jo įsakymą turime maitintis savo triūsu ir šauktis Dievo, kad mūsų maldos būtų išklausytos.

Kas nors gali paprieštarauti, remdamasis Evangelija pagal Matą 6, 6-8, ir paklausti: „Ar mes turime šauktis Dievo, kai Jis žino, ko mums reikia, prieš mums prašant?" arba: „Kam mums šauktis Dievo, kai Jėzus liepė melstis slaptoje, užsirakinus savo kambarėlyje?" Tačiau niekur Biblijoje nerasite pasakojimų apie žmones, kurie patogiai melžiasi slaptoje savo kambarėliuose.

Tikrąja prasme Evangelija pagal Matą 6, 6-8 ragina mus melstis iš visos širdies. Įeikite į savo vidinį kambarėlį ir užsirakinkite. Jei būtumėte slaptame kambaryje su užrakintomis durimis, būtumėte atkirsti nuo bet kokių išorinių kontaktų? Kaip atsiskiriame nuo išorinio pasaulio, užsirakinę savo kambaryje, taip Evangelijoje pagal Matą 6, 6-8 Jėzus ragina mus melstis iš visos širdies, atmetus savo ir pasaulio mintis bei visus rūpesčius.

Be to, šiais žodžiais Jėzus pasakė žmonėms, kad Dievas neišklauso fariziejų ir kunigų, kurie Jėzaus laikais viešai garsiai melsdavosi, kad būtų žmonių matomi. Turime ne didžiuotis ilgomis maldomis, bet iš visos širdies melstis Jam, kuris ištiria mūsų širdis ir mintis; Visagaliui, kuris žino, ko mums reikia, ir yra mums viskas.

Sunku tyliai melstis iš visos širdies. Pabandykite melstis medituodami užsimerkę nakties metu. Greitai pastebėsite, kad kovojate su snauduliu ir pasaulio mintimis, užuot meldęsi. Kai pavargsite kovoję su miegu, nė nepastebėsite kaip užmigsite.

Užuot tyliai meldęsis kambaryje, *„Tomis dienomis Jėzus užkopė į kalną melstis. Ten jis praleido visą naktį, melsdamasis Dievui"* (Evangelija pagal Luką 6, 12) ir „Labai anksti, dar neprašvitus, Jėzus atsikėlęs nuėjo į negyvenamą vietą ir tenai meldėsi" (Evangelija pagal Morkų 1, 35). Pranašas Danielius savo namų viršutiniame aukšte, kuriame langai atsidarydavo

Malda, kuri Dievui patinka · 45

į Jeruzalės pusę, puldavo ant kelių tris kartus per dieną, melsdavosi savo Dievui ir šlovindavo jį (Danieliaus knyga 6, 11). Petras lipdavo ant stogo melstis (Apaštalų darbai 10, 9), o apaštalas Paulius eidavo už miesto į maldos vietą prie upės, kai buvo apsistojęs Filipuose (Apaštalų darbai 16, 13 ir 16). Šie žmonės turėjo specialias maldos vietas, nes norėjo melstis iš visos širdies. Jūs turite melstis taip, kad malda prasiskverbtų pro ore viešpataujančio kunigaikščio, priešo velnio jėgas ir pasiektų dangaus sostą. Tik tuomet būsite pripildyti Šventosios Dvasios, gundymai pasitrauks, ir gausite atsakymą į visas problemas, dideles ir mažas.

3) Jūsų malda turi turėti tikslą

Vieni žmonės sodina medžius, kad turėtų geros medienos. Kiti sodina vaismedžius. Dar sodina medžius, puošiančius sodą. Jeigu žmogus sodina medžius be konkretaus tikslo, jis dažniausiai apleidžia juos dar neužaugusius, nes susidomi ir užsiima kitais darbais.

Aiškaus tikslo siekimas suteikia jėgų greičiau ir geriau jo pasiekti. Tačiau be aiškaus tikslo žmogus nuleidžia rankas, susidūręs net su menka kliūtimi, nes, nežinant krypties, apima abejonės ir pasyvumas.

Turime turėti aiškų tikslą, kai meldžiamės Dievui. Mums pažadėta, kad gausime iš Dievo viską, ko prašome, jeigu pasitikėsime Juo (Jono pirmas laiškas 3, 21-22), ir turėdami aiškų tikslą melsimės karščiau ir atkakliau. Mūsų Dievas, matydamas, kad mūsų širdyse nėra nieko smerktino, suteiks viską, ko mums reikia. Turime turėti maldos tikslą ir melstis, kaip Dievui patinka.

4) Jūs turite melstis su tikėjimu

Kiekvienas žmogus turi skirtingą tikėjimo mastą ir Gauna atsakymą iš Dievo pagal savo tikėjimą. Kai žmonės priima Jėzų Kristų ir atveria savo širdis, Šventoji Dvasia apsigyvena juose, ir Dievas paženklina juos savo vaikų antspaudu. Tuomet jie įgyja garstyčios grūdelio dydžio tikėjimą.

Jiems švenčiant Viešpaties dieną, nuolatos meldžiantis, stengiantis laikytis Dievo įsakymų ir gyventi pagal Jo žodį, jų tikėjimas augs, bet susidūrus su gundymais ir kančiomis, prieš tvirtai atsistojant ant tikėjimo uolos, jie gali suabejoti Dievo visagalybe ir išsigąsti. Tačiau, kai atsistos ant tikėjimo uolos, jie nepalūš jokiose aplinkybėse, bet žiūrės į Dievą su tikėjimu ir nesiliaus meldęsi. Dievas mato jų tikėjimą ir veiks, kad viskas išeitų į gera, mylintiems Jį.

Nuolatos atkakliai melsdamiesi, su pagalba iš aukštybių jie pergalingai kovos su nuodėme ir darysis panašūs į mūsų Viešpatį. Jie aiškiai supras Viešpaties valią ir paklus jai. Toks tikėjimas patinka Dievui, ir jie gaus viską, ko prašo. Pasiekę tokį tikėjimo mastą, jie paveldės pažadą iš Evangelijos pagal Morkų 16, 17-18: *„Kurie įtikės, tuos lydės ženklai: mano vardu jie išvarinės* *demonus, kalbės naujomis kalbomis, ims plikomis rankomis gyvates ir, jei išgertų mirštamų nuodų, jiems nepakenks. Jie dės rankas ant ligonių, ir tie pasveiks."* Didelio tikėjimo žmonės gaus atsakymus pagal savo tikėjimą, taip pat ir žmonės su mažu tikėjimu.

Būna „savanaudiškas tikėjimas", kurį jūs patys įgyjate, ir „Dievo duotas tikėjimas." „Savanaudiškas tikėjimas" neturi darbų, bet Dievo duotas tikėjimas yra dvasinis ir visada lydymas darbų. Biblija sako, kad tikėjimas laiduoja tai, ko viliamės (Laiškas hebrajams 11, 1), bet „savanaudiškas tikėjimas" neturi tvirtumo. Net jeigu žmogus su „savanaudišku tikėjimu" perskirtų Raudonąją jūrą ir perkeltų kalną, jis nebūtų tikras, kad Dievas jam atsakys.

Dievas duoda mums „gyvą tikėjimą", lydimą darbų, kai mes pagal savo tikėjimą paklūstame Jam, rodome tikėjimą darbais ir meldžiamės. Kai parodome Jam tikėjimą, kurį patys turime, jis susijungia su Dievo pridėtu „gyvu tikėjimu" ir pasidaro didelis, kuriuo iš karto gauname Dievo atsakymus. Kartais žmonės patiria nepajudinamą įsitikinimą Jo atsakymu. Tai Dievo duotas tikėjimas, kuriuo jie jau gavo atsakymus.

Todėl be menkiausios abejonės turime pasikliauti Jėzaus pažadu, duotu Evangelijoje pagal Morkų 11, 24: *„Todėl sakau jums: ko tik melsdamiesi prašote, tikėkite gavę, ir tikrai taip bus."* Turime melstis, kol neabejosime Dievo atsakymu, ir visa, ko melsime, gausime (Evangelija pagal Matą 21, 22).

5) Jūs turite melstis su meile

Laiškas hebrajams 11, 6 sako: *"Juk be tikėjimo neįmanoma patikti Dievui. Kas artinasi prie Dievo, tam būtina tikėti, kad jis yra ir jo ieškantiems atsilygina."* Jeigu tikime, kad visos mūsų maldos bus išklausytos ir taps mūsų atlygiu danguje, meldimasis niekada nebus varginantis ar sunkus.

Kaip Jėzus maldoje grūmėsi su tamsa, kad suteiktų gyvybę žmonijai, jeigu su meile melsimės už kitus, mūsų malda bus karšta. Jei su nuoširdžia meile meldžiatės už kitus, įsijaučiate į jų padėtį, jų bėdos tampa jūsų bėdomis, ir jūs dar uoliau meldžiatės.

Pavyzdžiui, jūs meldžiatės už savo bažnyčios pastato statybą. Jūs turite melstis taip, kaip už savo namo statybą. Kaip prašytumėte žemės sklypo, darbininkų, statybinių medžiagų ir kitų dalykų savo namui, turite taip pat smulkiai visko prašyti savo bažnyčiai. Jeigu meldžiatės už ligonį, turite įsijausti į jo padėtį ir iš visos širdies taip grumtis maldoje, kad jo skausmas taptų jūsų skausmu.

Siekdamas įvykdyti Dievo valią, Jėzus atsiklaupęs nuolat grumdavosi maldoje, kupinas meilės Dievui ir visai žmonijai. Taip Jis atvėrė išganymo kelią, ir dabar kiekvienas, kuris priima Jėzų Kristų, gauna nuodėmių atleidimą ir Dievo vaikui teisėtai skirtą valdžią.

Remdamiesi Jėzaus maldos gyvenimu ir maldos, kuri patinka Dievui, pagrindiniais elementais, turime ištirti savo nusistatymą ir širdį, melstis, kaip Dievui patinka, ir gauti iš Jo viską, ko prašome maldoje.

4 skyrius

Kad nepatektumėte į pagundą

Jis sugrįžo pas mokinius ir, radęs
juos miegančius, tarė Petrui:
„Negalėjote nė vienos valandos
pabudėti su manimi?
Budėkite ir melskitės,
kad nepatektumėte į pagundą.
Dvasia ryžtinga,
bet kūnas silpnas."

(Evangelija pagal Matą 26, 40-41)

1. Maldos gyvenimas: mūsų dvasios kvėpavimas

Mūsų Dievas yra gyvas, valdantis žmonių gyvenimą ir mirtį, prakeikimus ir palaiminimus, Jis mylintis, teisingas ir geras. Jis nenori, kad Jo vaikai patektų į pagundą ar kęstų kančias, ir trokšta apipilti palaiminimais jų gyvenimą. Štai kodėl Jis atsiuntė į šią žemę Šventąją Dvasią Patarėją, kuri padeda Jo vaikams nugalėti šį pasaulį, nuvaryti šalin priešą velnią, gyventi sveikiems, džiaugtis ir pasiekti išganymą.

Dievas pažadėjo mums Jeremijo knygoje 29, 11-12: *„Laiduoju tikrai žinąs, ką užsimojau dėl jūsų, tai VIEŠPATIES žodis, dėl jūsų gerovės, o ne dėl žalos! Noriu jums suteikti vilties sklidiną ateitį. Kai jūs šauksitės manęs, kai ateisite ir kreipsitės į mane malda, aš jus išklausysiu."*

Jeigu norime gyventi šį gyvenimą ramybėje ir viltyje, turime melstis. Jeigu nuolatos meldžiamės, gyvendami Kristuje, nepateksime į pagundą, mūsų sielai seksis, neįmanomi dalykai taps įmanomais, viskas mūsų gyvenime seksis, ir mes džiaugsimės gera sveikata. Tačiau, kai Dievo vaikai nesimeldžia, jie patenka į pagundą ir nelaimes, nes mūsų priešas velnias kaip riaumojantis liūtas slankioja aplinkui, tykodamas ką praryti.

Žmogus numirštą, kai nustoja kvėpuoti. Malda Dievo vaikų gyvenime ne mažiau svarbi už kvėpavimą. Dievas ragina mus be paliovos melstis (Pirmas laiškas tesalonikiečiams 5, 17), primena, kad nesimeldimas yra nuodėmė (Samuelio pirma knyga 12, 23), ir įspėja, kad nebudėdami ir nesimelsdami pateksime į pagundą (Evangelija pagal Matą 26, 41).

Naujai įtikėjusieji, neseniai priėmę Jėzų Kristų, paprastai negali skirti maldai daug laiko, nes dar nemoka melstis. Mūsų mirusi dvasia atgimsta iš naujo, kai priimame Jėzų Kristų ir gauname Šventąją Dvasią. Mes tampame dvasiniais kūdikiais, kuriems tikrai sunku melstis.

Tačiau mums nepasiduodant, toliau meldžiantis ir maitinantis Dievo žodžio duona, mūsų dvasia stiprėja, ir maldos darosi galingesnės. Mes suprantame, kad kaip be kvėpavimo, taip ir be maldos negalime gyventi.

Vaikystėje mes varžydavomės, kas ilgiau išbus nekvėpavęs. Du vaikai atsistodavo vienas prieš kitą ir giliai kvėpuodavo. Kai trečias vaikas pasakydavo: „Pasiruoškit," du vaikai įkvėpdavo, kiek galėdavo. Kai „teisėjas" surikdavo „Pradedam!", varžovai sulaikydavo kvėpavimą.

Iš pradžių nesunku nekvėpuoti. Tačiau greitai vaikams imdavo trūkti oro, ir jų veidai paraudonuodavo. Galiausiai jie nebeišlaikydavo ir pradėdavo kvėpuoti. Niekas negali gyventi nekvėpuodamas.

Tas pats ir su malda. Kai dvasinis žmogus nustoja melstis, iš pradžių nepajunta skirtumo. Tačiau, laikui bėgant, jo širdį apima liūdesys ir skausmas. Jeigu matytume jo dvasią, būtų aišku, kad ji baigia uždusti. Jeigu jis supranta, kad kenčia dėl nesimeldimo, ir vėl pradeda melstis, sugrįžta į normalų krikščionišką gyvenimą.

Tačiau, jeigu jis toliau nusideda nesimeldimu, jo širdį prislegia neviltis, ir gyvenimas daugelyje sričių ima žlugti.

„Padaryti pertrauką" maldos gyvenime reiškia nepaklusti Dievo valiai. Po nekvėpavimo mes žiopčiodami gaudome orą, kol kvėpavimas tampa normalus, bet sugrįžimas į normalų maldos gyvenimą yra dar sunkesnis ir jam reikia daugiau laiko. Kuo ilgesnė „pertrauka," tuo sunkiau atgaivinti maldos gyvenimą. Žmonėms, kurie žino, kad malda yra jų dvasios kvėpavimas, nesunku melstis. Išmokus melstis taip, kaip kvėpuojame, mums nebereikia daug pastangų maldai, nes melsdamiesi prisipildome ramybės, vilties ir džiaugsmo, nes melsdamiesi gauname atsakymus iš Dievo ir atnešame Jam garbę.

2. Žmonių, kurie nesimeldžia, gundymų priežastys

Jėzus parodė maldos pavyzdį ir sakė savo mokiniams budėti ir melstis, kad nepatektų į pagundą (Evangelija pagal Matą 26, 41). Tai reiškia, kad pateksime į pagundą, jeigu nuolat nesimelsime. Kodėl nesimeldžiantys žmonės patenka į pagundą?

Dievas sukūrė pirmąjį žmogų Adomą, padarė jį gyva būtybe, ir leido jam bendrauti su Dievu, kuris yra Dvasia. Žmogui nepaklusus Dievui ir paragavus gero ir pikto pažinimo medžio vaisiaus, Adomo dvasia numirė, jo bendravimas su Dievu nutrūko, ir jis buvo išvarytas iš Edeno sodo. Kai priešas velnias, oro karalystės valdovas, užvaldė žmogų, kuris nebegalėjo bendrauti su Dievu, kuris yra Dvasia, žmogus palaipsniui nugrimzdo į nuodėmę.

Atpildas už nuodėmę – mirtis (Laiškas romiečiams 6, 23), todėl Dievo apvaizda numatė išgelbėjimo kelią per Jėzų Kristų visai žmonijai, kuri buvo pasmerkta mirčiai. Dievas paženklina savo antspaudu kiekvieną savo vaiką, kuris priima Jėzų savo Gelbėtoju, pripažįsta esąs nusidėjėlis ir atgailauja, suteikdamas jam kaip išgelbėjimo ženklą Šventąją Dvasią.

Šventoji Dvasia yra Patarėja, kurią Dievas atsiuntė parodyti pasauliui, kaip šis klysta dėl nuodėmės, teisumo, ir teismo (Evangelija pagal Joną 16, 8). Šventoji Dvasia užtaria mus neišsakomais atodūsiais (Laiškas romiečiams 8, 26) ir suteikia jėgos nugalėti pasaulį.

Malda yra gyvybiškai būtina, kad būtume pripildyti ir vedami Šventosios Dvasios. Tik mums meldžiantis, Šventoji Dvasia kalba mums, paliečia mūsų širdį ir protą, įspėja dėl gręsiančių pagundų ir parodo, kaip jų išvengti, o jeigu susiduriame su gundymais, padeda juos įveikti.

Neįmanoma be maldos atskirti Dievo valios nuo žmogaus valios. Žmonės, neišsiugdę nuolatinės maldos gyvenimo, siekia pasaulio tuštybės, vadovaudamiesi senais įpročiais ir savo teisumu. Todėl jie patiria daug pagundų ir kančių, nuolat susiduria su įvairiausiais sunkumais.

Jokūbo laiške 1, 13-15 parašyta: „*Ir nė vienas gundomas*

tenesako: 'Esu Dievo gundomas.' Dievas negali būti gundomas į pikta ir pats nieko negundo. Kiekvienas yra gundomas, savo geismo pagrobtas ir suviliotas. Paskui įsiliepsnojęs geismas pagimdo nuodėmę, o subrandinta nuodėmė gimdo mirtį."

Kitaip sakant, nesimeldžiantys žmonės patenka į pagundas todėl, kad neatskiria Dievo valios nuo žmogaus valios, jie susivilioja pasaulio tuštybe ir kenčia sunkumus nes negali nugalėti pagundų. Dievas nori, kad Jo vaikai išmoktų būti patenkinti bet kokiose aplinkybėse, varge ir pertekliuje, sotūs ir alkani, turtingi ir beturčiai (Laiškas filipiečiams 4, 11-12).

Tačiau pasidavimas pasaulio geismams pagimdo nuodėmę, o atpildas už nuodėmę – mirtis, Dievas negali apsaugoti žmonių, kurie atkakliai daro nuodėmes. Priešas velnias įtraukia nusidėjusius žmones į pagundas ir kančias. Kai kurie patekę į pagundą žmonės liūdina Dievą teigdami, kad Jis gundo juos ir kankina. Tačiau jie negali įveikti pagundų, priekaištaudami Dievui, ir neleidžia Jam veikti jų labui.

Todėl Dievas liepė nugalėti gudravimus ir bet kokią puikybę, kuri sukyla prieš Dievo pažinimą ir paimti nelaisvėn kiekvieną mintį, kad paklustų Kristui (Antras laiškas korintiečiams 10, 5). Taip pat Jis mums primena: *„Kūno rūpesčiai veda į mirtį, o Dvasios rūpesčiai į gyvenimą ir ramybę. Kūno rūpesčiai priešiški Dievui; jie nepaklūsta Dievo įstatymui ir net negali paklusti"* (Laiškas romiečiams 8, 6-7).

Dauguma informacijos, kurią sužinojome, prieš susitikdami

Dievą, ir išsaugojome savo atmintyje kaip „teisingą," tiesos šviesoje pasirodo esanti klaidinga. Todėl norėdami paklusti Dievo valiai turime atmesti visas pasaulio teorijas ir kūniškas mintis. Be to, jeigu norime sugriauti melo tvirtoves ir paklusti tiesai, turime melstis.

Kartais mylintis Dievas sudraudžia savo mylimus vaikus, kad šie nepasuktų pražūties keliu, ir leidžia jiems patekti į pagundą, kad atgailautų ir paliktų nuodėmės kelią. Kai žmonės ištiria save ir atgailauja dėl visko, kas nepridera Dievo akyse, meldžiasi, ieško Dievo, visada veikiančio, kad viskas išeitų į gera Jį mylintiems, ir visuomet džiaugiasi, Dievas mato jų tikėjimą ir visada atsako į jų maldas.

3. Dvasia ryžtinga, bet kūnas silpnas

Naktį prieš nukryžiavimą Jėzus nuėjo su savo mokiniais į Getsemanės sodą melstis. Sugrįžęs pas mokinius ir radęs juos miegančius mūsų Viešpats pasakė: *„Dvasia ryžtinga, bet kūnas silpnas"* (Evangelija pagal Matą 26, 41).

Biblija mini „kūną," „kūno rūpesčius" ir „kūno darbus." Viena vertus, „kūnas" yra priešingas „dvasiai" ir paprastai reiškia viską, kas genda ir keičiasi. Jis reiškia kiekvieną kūrinį, įskaitant nepasikeitusį tiesoje žmogų, augalus, visus gyvūnus ir visa kita. Kita vertus, „dvasia" reiškia amžinas, teisingas ir nesikeičiantis

Kad nepatektumėte į pagundą · 59

vertybes.

Po Adomo nuopuolio visi žmonės gimsta paveldėję nuodėmingą prigimtį, kuri yra pirmapradė nuodėmė. Mūsų pačių padarytos nuodėmės yra neteisūs darbai, įvykdyti priešui velniui kurstant. Žmogus tampa „kūnu," kai netiesa suteršia jo kūną, nuodėmingos prigimties valdomą. Štai kodėl kūno vaikai minimi Laiške romiečiams 9, 8: *„Tai reiškia, ne kūno vaikai yra Dievo vaikai, bet tiktai pažado vaikai laikomi palikuonimis."* Taip pat Laiškas romiečiams 13, 14 įspėja: *„Apsivilkite Viešpačiu Jėzumi Kristumi ir nelepinkite savo kūno, netenkinkite jo geidulių."*

Be to, *„kūno rūpesčiai"* yra įvairios nuodėmingos aistros: noras apgauti, pavyduliavimas, įtarumas, neapykanta ir kiti (Laiškas romiečiams 8, 5-8). Jos dar nepavirtę, bet gali pavirsti fiziniais veiksmais. Kai nuodėmingos aistros pavirsta veiksmais, jie vadinami „kūno darbais" (Laiškas galatams 5, 19-21).

Ką Jėzus norėjo pasakyti žodžiais „kūnas silpnas"? Ar jis kalbėjo apie savo mokinių fizinę formą? Buvę žvejai – Petras, Jokūbas ir Jonas – buvo stiprūs ir sveiki vyrai jėgų žydėjime. Daug naktų žvejyboje praleidusiems žmonėms pabudėti naktį kelias valandas turėjo būti tikai nesunku, bet net Jėzui paprašius pabudėti su Juo, trys mokiniai nepajėgė melstis ir užmigo. Turbūt jie atėjo į Getsemanę melstis su Jėzumi, bet šis noras buvo tik jų širdyje. Sakydamas, kad kūnas silpnas, Jėzus leido šiems trims mokiniams suprasti, kad jie nepajėgė įveikti kūno geismo, kuris suviliojo juos pailsėti ir pamiegoti.

Petras, vienas iš mylimiausių Jėzus mokinių, negalėjo melstis, nes jo kūnas buvo silpnas, nors dvasia ir ryžtinga. Kai Jėzus buvo suimtas, ir pavojus grėsė Petro gyvybei, jis tris kartus išsigynė savo Viešpaties. Tai įvyko prieš Jėzaus prisikėlimą ir įžengimą į dangų, o Petras buvo paniškos baimės apimtas, kol nebuvo gavęs Šventosios Dvasios. Tačiau gavęs Šventąją Dvasią Petras prikėlė numirusiuosius, darė ženklus ir stebuklus bei išdrįso prašyti nukryžiuojamas žemyn galva. Petro silpnumo neliko nė ženklo, Šventajai Dvasiai jį pakeitus, jis tapo narsiu Dievo galybės apaštalu, nebijančiu mirties, nes Jėzus praliejo savo brangų, šventą ir nekaltą kraują, kuriuo atpirko mus iš negalių, skurdo ir silpnumo. Jeigu gyvename tikėjimu ir paklusdami Dievo žodžiui, mūsų kūnas ir dvasia bus sveiki, mes galėsime padaryti tai, ko žmonės negali, ir viskas mums bus įmanoma.

Kartais nuodėmes darantys žmonės, užuot atgailavę, sako: „Kūnas silpnas" ir mano, kad natūralu nusidėti. Jie taip kalba todėl, kad nežino tiesos. Tarkime, tėvas duoda savo sūnui tūkstantį JAV dolerių. Ar ne kvaila būtų, jeigu sūnus, įsidėjęs pinigus į kišenę, sakytų: „Aš neturiu nė skatiko"? Ar tėvui neskaudėtų širdies, jeigu jo sūnus – su tūkstančiu dolerių kišenėje – badautų ir nenusipirktų maisto? Todėl tiems, kas gavo Šventąją Dvasią, posakis „kūnas silpnas" yra oksimoronas (dviejų vienas kitam prieštaraujančių žodžių junginys).

Pažįstu daug žmonių, anksčiau dešimtą valandą vakaro eidavusių miegoti, kurie dabar kiekvieną penktadienį dalyvauja visą naktį trunkančiame maldos susirinkime, nes jie paprašė ir gavo Šventosios Dvasios pagalbą. Jie nepavargsta, neapsnūsta ir atiduoda kiekvieną penktadienio naktį Dievui Šventosios Dvasios pilnatvėje, kurioje jų dvasinis regėjimas paaštrėja, širdis trykšta džiaugsmu, jie nepavargsta ir jaučiasi žvalūs.

Mes gyvename Šventosios Dvasios eroje, tad turime nesiliauti meldęsi ir nedaryti nuodėmių todėl, kad „kūnas silpnas."

Budėdami ir be paliovos melsdamiesi su Šventosios Dvasios pagalba turime atmesti kūno darbus ir su džiaugsmu gyventi Kristuje, visada vykdydami Dievo valią

4. Palaiminimai žmonėms, kurie budi ir meldžiasi

Petro pirmas laiškas 5, 8-9 sako: „*Būkite blaivūs, budėkite! Jūsų priešas velnias kaip riaumojantis liūtas slankioja aplinkui, tykodamas ką praryti. Pasipriešinkite jam tvirtu tikėjimu, žinodami, kad tokius pat kentėjimus tenka iškęsti jūsų broliams visame pasaulyje.*" Priešas šėtonas ir velnias, oro karalystės valdovas, išnaudoja kiekvieną progą, stengdamasis suvilioti ir suklaidinti tikinčiuosius į Dievą, kad jie neįgytų tikėjimo.

Norint išrauti medį, pirmiausia reikia jį papurtyti. Jeigu kamienas nejuda, reiškia, medžio šaknys gilios ir tvirtos, todėl geriau eiti prie kito. Jeigu kito medžio kamienas pajuda, reikia dar smarkiau purtyti. Taip ir priešas velnias, norintis mus suvilioti, pasitraukia, jeigu tvirtai stovime tikėjime. Tačiau, jei nors truputį pajudame, jis toliau mus gundo, norėdamas palaužti.

Norėdami atpažinti bei išardyti velnio pinkles ir vaikščioti šviesoje, gyvendami pagal Dievo žodį, turime grumtis maldoje, kad gautume iš Dievo stiprybės ir galios. Jėzus, vienatinis Dievo Sūnus, vykdė tik Dievo valią, nes sėmėsi galios maldoje. Prieš pradėdamas savo viešą tarnystę, Jėzus ruošėsi pasninkaudamas keturiasdešimt dienų bei naktų ir per visą trejų su puse metų tarnystę nuolatos darė stebuklingus Dievo galios darbus. Savo viešosios tarnystės pabaigoje Jėzus turėjo galios sunaikinti mirties valdžią ir prisikelti, nes grūmėsi maldoje Getsemanėje. Todėl mūsų Viešpats ragina savo mokinius: *"Būkite atsidėję maldai, budėkite su ja dėkodami"* (Laiškas kolosiečiams 4, 2), ir: *"Visų dalykų galas arti. Todėl būkite santūrūs ir blaivūs, kad galėtumėte melstis"* (Petro pirmas laiškas 4, 7). Jis taip pat mokė mus melstis: *"Ir nevesk mūsų į pagundą, bet gelbėk mus nuo pikto"* (Evangelija pagal Matą 6, 13). Labai svarbu nepatekti į pagundą. Jeigu patenkate į pagundą, reiškia neatsispiriate jai, pavargstate, ir jūsų tikėjimas sumažėja – Dievui tai nepatinka.

Kai budime ir meldžiamės, Šventoji Dvasia moko mus eiti teisingu keliu, mes kovojame su savo nuodėmėmis ir atmetame jas. Kai sielai sekasi, mūsų širdis darosi panaši į Viešpaties, visi reikalai mums sekasi, būname palaiminti gera sveikata.

Malda yra raktas į sėkmę visose gyvenimo srityse ir

palaiminimą gera kūno ir dvasios sveikata. Mes turime pažadą, užrašytą Jono pirmame laiške 5, 18: „Mes žinome, jog kiekvienas gimusis iš Dievo nedaro nuodėmių, bet Dievo Pagimdytasis saugo jį, ir piktasis jo nepaliečia." Kai mes budime, meldžiamės ir vaikštome šviesoje, esame apsaugoti nuo priešo velnio ir net jeigu patenkame į pagundą, Dievas parodo mums išeitį ir veikia, kad viskas išeitų į gerą mylintiems Jį.

Dievas liepė mums be paliovos melstis, kad taptume Jo palaimintais vaikais, kurie gyvena Kristuje budėdami, nuvarydami šalin priešą velnią ir gaudami viską, kuo Dievas nori mus laiminti.

Pirmas laiškas tesalonikiečiams 5, 23 sako: „*Pats ramybės Dievas jus tobulai tepašventina ir teišlaiko sveiką bei nepeiktiną jūsų dvasią, sielą ir kūną mūsų Viešpaties Jėzaus atėjimui.*"

Meldžiuosi, kad jūs visi su Šventosios Dvasios pagalba budėdami ir be paliovos melsdamiesi išsiugdytumėte tyrą ir nekaltą Dievo vaiko širdį, atmesdami nuodėmingus įpročius ir apipjaustydami širdį Šventąja Dvasia, įgytumėte Dievo vaiko valdžią. Tegul jūsų sielai sekasi, ir visas jūsų gyvenimas klostosi sėkmingai, būkite palaiminti gera sveikata ir viską darykite Dievo garbei, meldžiu Viešpaties Jėzaus Kristau vardu!

5 skyrius

Teisiojo malda

Daug gali karšta teisiojo malda.
Elijas buvo vargo žmogus,
kaip ir mes.
Jis melste meldė, kad nelytų,
ir nelijo žemėje
trejus metus ir šešis mėnesius;
ir jis vėl meldė, ir dangus davė lietaus,
o žemė išželdino savo vaisių.

(Jokūbo laiškas 5, 16 -18)

1. Tikėjimo malda, kuri išgydo ligonius

Pažvelgę atgal prisimename laikus, kai meldėmės kančiose ir džiaugėmės, garbindami Dievą už atsakymus į maldas. Prisimename, kaip meldėmės su kitais už savo mylimųjų išgydymą ir šlovinome Dievą, maldomis pasiekę žmogui neįmanomų dalykų. Laiške hebrajams, 11-ame skyriuje daug parašyta apie tikėjimą. Pirma eilutė sako: *"Tikėjimas laiduoja mums tai, ko viliamės, įrodo tikrovę, kurios nematome,"* be to: *"Juk be tikėjimo neįmanoma patikti Dievui. Kas artinasi prie Dievo, tam būtina tikėti, kad jis yra ir jo ieškantiems atsilygina."* (6-a eilutė).

Tikėjimas dažniausiai skirstomas į kūnišką ir dvasišką. Kūnišku tikėjimu mes tikime Dievo žodžiu tik tada, kai jis neprieštarauja mūsų supratimui. Kūniškas tikėjimas neatneša jokių pokyčių į mūsų gyvenimą. Kita vertus, dvasiniu tikėjimu mes tikime gyvojo Dievo galia ir Jo žodžiu, kaip jis užrašytas, net jeigu jis nesutampa su mūsų supratimu ir teorijomis. Kai tikime viską iš nieko sukūrusio Dievo veikimu, mūsų gyvenimas iš esmės keičiasi, mes patiriame Jo ženklus bei stebuklus ir tikime, kad tikintiesiems viskas įmanoma.

Jėzus Kristus mums pasakė: *"Kurie įtikės, tuos lydės ženklai: mano vardu jie išvarinės demonus, kalbės naujomis kalbomis, ims plikomis rankomis gyvates ir, jei išgertų mirštamų nuodų, jiems nepakenks. Jie dės rankas ant ligonių, ir tie pasveiks"* (Evangelija pagal Morkų 16, 17-18), *„Tikinčiam viskas galima!"* (Evangelija pagal Morkų 9, 23) ir *„Todėl sakau jums: ko tik melsdamiesi prašote, tikėkite gavę, ir tikrai taip bus"* (Evangelija pagal Morkų 11, 24).

Kaip įgyti dvasinį tikėjimą ir patirti didžią mūsų Dievo galią? Visų pirma, turime atsiminti tai, ką apaštalas Paulius pasakė Antrame laiške korintiečiams 10, 5: *„Nugalime gudravimus ir bet kokią puikybę, kuri sukyla prieš Dievo pažinimą, paimame nelaisvėn kiekvieną mintį, kad paklustų Kristui."* Turime nebelaikyti tiesa visų pasaulyje sukauptų žinių ir atsisakyti visų teorijų, kurios prieštarauja Dievo žodžiui, paklusti Jo tiesos žodžiui ir gyventi pagal jį. Kai palaipsniui nugalime kūniškas mintis ir atsikratome netiesos savo viduje, mūsų sielai vis labiau sekasi, ir mes įgyjame dvasinį tikėjimą.

Mes įgyjame dvasinį tikėjimą pagal kiekvienam iš mūsų Dievo duotąjį tikėjimo mastą (Laiškas romiečiams 12, 3). Kai išgirstame evangeliją ir priimame Jėzų Kristų, iš pradžių mūsų tikėjimas būna mažas kaip garstyčios grūdelis. Kai uoliai lankome bažnyčios susirinkimus, klausome Dievo žodžio ir gyvename pagal jį, augame teisume. Mūsų tikėjimas išauga, ir tie patys ženklai lydi mus, kaip ir pirmuosius krikščionius.

Meldžiantis už ligonius, malda turi būti kupina dvasinio

besimeldžiančiųjų tikėjimo. Šimtininkas – kurio paralyžiuotas tarnas kentė baisius skausmus – minimas Evangelijos pagal Matą 8-ame skyriuje, turėjo tikėjimą, kad jo tarnas pasveiks, jeigu tik Jėzus tars žodį. Taip ir įvyko (Evangelija pagal Matą 8, 5-13).

Be to, melsdamiesi už ligonius turime drąsiai tikėti ir neabejoti, nes Dievo žodis sako: *„Tegul prašo tikėdamas, nė kiek neabejodamas, nes abejojantis žmogus panašus į jūros bangas, varinėjamas ir blaškomas vėjo. Toksai žmogus tegul nemano ką nors gausiąs iš Viešpaties"* (Jokūbo laiškas 1, 6-7).

Dievui patinka stiprus, tvirtas ir nesvyruojantis tikėjimas, o kai meldžiamės už ligonius, susivieniję meilėje, Dievas net dar galingiau veikia. Ligos yra nuodėmės pasekmė, o Dievas yra VIEŠPATS mūsų Gydytojas (Išėjimo knyga 15, 26), todėl kai išpažįstame vieni kitiems savo nuodėmes ir meldžiamės vieni už kitus, Dievas atleidžia mums ir grąžina sveikatą.

Melsdamiesi su dvasiniu tikėjimu ir dvasine meile jūs patirsite galingą Dievo veikimą, būsite mūsų Viešpaties meilės liudininkais ir garbinsite Jį.

2. Galinga teisiojo malda

Remiantis *Lietuvių kalbos žodynu*, teisus yra tas „kuris elgiasi dorai, laikosi moralės normų, nemeluoja, teisingas, sąžiningas, nenusidėjęs ir nekaltas." Tačiau Laiškas romiečiams 3, 10 sako, kad *„Nėra teisaus, nėra nė vieno."* Dievas sako: *„Teisūs*

Dievo akyse juk ne įstatymo klausytojai; teisūs bus pripažinti įstatymo vykdytojai" (Laiškas romiečiams 2, 13), ir: *„Įstatymo darbais jo akivaizdoje nebus nuteisintas nė vienas žmogus. Per įstatymą tik pažįstame nuodėmę"* (Laiškas romiečiams 3, 20).

Nuodėmė atėjo į pasaulį per pirmojo žmogaus Adomo nepaklusnumą, vieno žmogaus nuodėmė užtraukė pasmerkimą visiems žmonėms (Laiškas romiečiams 5, 12 ir 18). Žmonija, stokojusi Dievo garbės, per Įstatymą sužinojo apie Dievo teisumą, ir per tikėjimą į Jėzų Kristų Dievo teisumas duodamas visiems tikintiesiems (Laiškas romiečiams 3, 21-23).

Šio pasaulio „teisumas" keičiasi pagal kiekvienos kartos vertybes ir negali būti tikro teisumo standartu. Tačiau Dievas niekada nesikeičia, Jo teisumas yra tikrojo teisumo standartas.

Laiškas romiečiams 3, 28 sako: *„Mes įsitikinę, kad žmogus nuteisinamas tikėjimu, be įstatymo darbų."* Tačiau mūsų tikėjimas jokiu būdu nepanaikina įstatymo, bet, priešingai, patvirtina jį (Laiškas romiečiams 3, 31).

Jeigu mes nuteisinami tikėjimu, turime atnešti šventumo vaisių, išlaisvinti iš nuodėmės tapdami Dievo vergais. Turime stengtis tapti tikrai teisūs, atmesdami visas netiesas, sukylančias prieš Dievo žodį, ir gyventi, vadovaudamiesi Jo tiesos žodžiu.

Dievas pripažįsta teisiaisiais tuos žmones, kurie kiekvieną dieną stengiasi gyventi pagal Jo žodį, darbais parodydami savo tikėjimą. Viešpats daro galingus darbus, atsakydamas į jų maldas.

Kaip Dievui atsakyti žmogui, kuris lanko bažnyčią, bet pasistatė nuodėmės sieną tarp savęs ir Dievo per paklusnumą savo tėvams, kivirčus su broliais ir nedorus darbus?

Kai meldžiasi teisusis – žmogus gyvenantis pagal Dievo žodį ir darbais įrodantis savo meilę Dievui – Viešpats padaro jo maldą galingą ir veiksmingą, suteikdamas jam dangiškos stiprybės.

Evangelijoje pagal Luką 18, 1-18 užrašytas palyginimas apie įkyriąją našlę. Našlė prašė pagalbos iš teisėjo, kuris nebijojo Dievo ir negerbė žmonių. Nors šis teisėjas nieko nepaisė ir su niekuo nesiskaitė, galų gale jis padėjo našlei. Teisėjas sau tarė: „*Nors aš Dievo nebijau nei žmonių nesidroviu, vis dėlto, kai šita našlė tokia įkyri, imsiu ir apginsiu jos teises, kad, ko gero, ji manęs neapkultų.*"

Jėzus pasakė: „*Įsidėmėkite, ką pasakė tas nesąžiningas teisėjas. Tad nejaugi Dievas neapgintų teisių savo išrinktųjų, kurie jo šaukiasi per dienas ir naktis, ir delstų jiems padėti?! Aš sakau jums: netrukus jis apgins jų teises. Bet ar atėjęs Žmogaus Sūnus beras žemėje tikėjimą?*" (Evangelija pagal Luką 18, 6-8).

Tačiau gerai apsižvalgę pamatysime, kad tikrai daug žmonių, kurie vadina save Dievo vaikais, dieną naktį meldžiasi ir dažnai pasninkauja, bet taip ir nesulaukia atsakymų iš Viešpaties. Šie žmonės turi suprasti ir pripažinti, kad dar nėra teisūs Dievo akyse.

Laiške filipiečiams 4, 6-7 parašyta: „*Nieku per daug nesirūpinkite, bet visuose reikaluose malda ir prašymu su padėka jūsų troškimai tesidaro žinomi Dievui. Ir Dievo ramybė, pranokstanti bet kokį supratimą, sergės jūsų širdis ir mintis Kristuje Jėzuje.*" Dievo atsakymai į maldas būna skirtingi ir priklauso nuo žmogaus teisumo laipsnio Dievo akyse bei jo meldimosi su tikėjimu ir meile. Kai meldžiasi žmogus, atitinkantis teisiojo reikalavimus, jis greitai gauna atsakymus iš Dievo ir atneša Jam garbę. Todėl labai svarbu sugriauti nuodėmės sieną, skiriančią mus nuo Dievo, įgyti visas būtinas savybes, kad būtume pripažinti „teisūs" Dievo akyse, bei karštai melstis su tikėjimu ir meile.

3. Dovana ir galia

Dievas duoda dovanas veltui, tai ypatingas Jo meilės darbas. Kuo daugiau meldžiamės, tuo labiau trokštame ir prašome Dievo dovanų. Tačiau kartais prašome Dievo dovanų iš savanaudiškų paskatų ir taip užsitraukiame vargų, nes tai nedora Dievo akyse, todėl visada turime budėti.

Apaštalų darbų 8-as skyrius pasakoja apie burtininką Simoną, kuris išgirdęs Pilypo skelbiamą evangeliją sekiojo visur paskui jį ir labai stebėjosi, matydamas ženklus ir stebuklus (9-13 eilutės). Pamatęs, kad Šventoji Dvasia gaunama, Petrui ir Jonui uždedant rankas, burtininkas Simonas pasiūlė apaštalams pinigų ir paprašė: „Duokite ir man tą galią, kad, kam uždėsiu rankas, gautų Šventąją Dvasią" (17-19 eilutės). Atsakydamas Petras subarė Simoną: „*Kad tu pražūtum su savo sidabru, jei sumanei už pinigus nusipirkti Dievo dovaną! Šitame dalyke tu negali turėti nė mažiausios dalies, nes tavo širdis Dievo akivaizdoje neteisi. Verčiau apgailėk šią savo nedorybę ir melsk Viešpatį; gal jis atleis tavo širdies paklydimą. Kaip matau, esi pilnas tulžies ir surakintas nedorybės*" (20-23 eilutės).

Dovanos duodamos tiems, kas rodo gyvąjį Dievą ir gelbėja žmonių sielas. Būtina naudoti jas, paklūstant Šventajai Dvasiai. Todėl prieš prašydami Dievo dovanų, turime stengtis tapti teisūs Jo akyse.

Kai mūsų sielai ima sektis, ir mes tampame įrankiais, kuriuos Dievas gali panaudoti, Jis leidžia mums Šventosios Dvasios įkvėptiems prašyti dovanų ir duoda, ko prašome.

Visi mūsų tikėjimo protėviai buvo Dievo naudojami įvairiais tikslais. Vieni darė didelius Dievo galybės darbus, kiti tik pranašavo, dar kiti tik mokė žmones. Juo daugiau gyvo tikėjimo ir tobulos meilės jie turėjo, tuo daugiau galios Dievas jiems davė ir leido daryti stebuklingus darbus.

Būdamas Egipto princu Mozė nepajėgė suvaldyti savo karšto būdo ir užmušė egiptietį, kuris skriaudė jo tautiečius izraelitus (Išėjimo knyga 2, 12). Tačiau po daug išbandymų Mozė pasidarė labai kuklus žmogus, kuklesnis už bet ką kitą visoje žemėje ir gavo didžiulę galią. Jis išvedė izraelitus iš Egipto, darydamas daug ženklų ir stebuklų (Skaičių knyga 12, 3).

Pranašo Elijo maldos galia paminėta Jokūbo laiške 5, 17-18: *„Elijas buvo vargo žmogus, kaip ir mes. Jis melste meldė, kad nelytų, ir nelijo žemėje trejus metus ir šešis mėnesius; ir jis vėl meldė, ir dangus davė lietaus, o žemė išželdino savo vaisių."*

Šventasis Raštas sako, karšta teisiojo malda labai galinga. Teisiojo stiprybė ir galia aiškiai matosi. Būna maldų, kai žmonės negauna atsakymo iš Dievo net po nesuskaitomos daugybės meldimosi valandų, tačiau būna ir galingų maldų, į kurias Dievas atsako ir parodo savo galybę. Dievas su džiaugsmu priima tikėjimo, meilės bei pasiaukojimo maldą ir leidžia atnešti Jam garbę, suteikdamas žmonėms įvairių dovanų ir savo galios.

Tačiau iš pradžių mes nebuvome teisieji; tik priėmę Jėzų Kristų tapome teisūs tikėjimu. Mes tampame teisiaisiais, pamatydami nuodėmę savyje per Dievo žodį ir atmesdami netiesą, kad mūsų sielai sektųsi. Mes palaipsniui keičiamės į teisiuosius, kai gyvename, vaikščiodami šviesoje ir teisume, kiekvieną dieną leisdami mūsų Viešpačiui Dievui keisti mūsų gyvenimą taip, kad galėtume kartu su apaštalu Pauliumi pasakyti: „Aš kasdien mirštu" (Pirmas laiškas korintiečiams 15, 31).

Raginu jus pažvelgti atgal į visą savo gyvenimą ir pasižiūrėti, ar nuodėmės siena nestovi jūsų kelyje pas Dievą, ir jeigu taip, nedelsdami sugriaukite ją.

Pakluskite jam tikėjimu, aukokitės su meile ir melskitės, siekdami Jo teisumo, kad būtumėte pripažinti teisiaisiais, palaimintais visuose savo darbuose, ir atneštumėte kuo daugiau garbės Dievui, meldžiu mūsų Viešpaties vardu!

6 skyrius

Susitarimo maldos galia

Ir dar sakau jums:
jeigu kas iš jūsų susitars žemėje
dviese melsti kokio dalyko,
jiems mano dangiškasis Tėvas
jį suteiks.
Kur du ar trys
susirinkę mano vardu,
ten ir aš esu tarp jų.

(Evangelija pagal Matą 18, 19-20)

1. Dievas su džiaugsmu priima susitarimo maldą

Korėjiečių patarlė sako: "Net popieriaus lapą lengviau kelti kartu." Šis labai senas posakis moko mus, kad darbas atneš daug geresnių rezultatų, kai du ar daugiau žmonių dirbs kartu, negu atsiskyrę ir stengdamiesi viską padaryti pavieniui. Krikščionybė, pabrėžianti artimo meilę, ir vieningos tikinčiųjų bendruomenės rodo gerą bendradarbiavimo pavyzdį.

Mokytojo knyga 4, 9-12 sako: *„Dviem geriau negu vienam, nes jie gauna didesnį atlygį už savo triūsą. Jei vienas iš jų suklumpa, kitas padeda bičiuliui atsikelti. Vargas vienišam žmogui! Juk kai jis suklumpa, nėra kam jį pakelti. Panašiai dviese, miegodami kartu, šildo vienas kitą. O kaip gali vienas miegodamas šiltai jaustis? Vienišą žmogų lengva įveikti, du gali vienam sėkmingai pasipriešinti. Trilinką virvę nutraukti nelengva."* Šios eilutės moko, kad vieningi ir dirbantys kartu žmonės, daugiau pasiekia ir palaiko vienas kitą.

Evangelija pagal Matą 18, 19-20 sako, kad svarbu melstis susitarus. Individualioje maldoje žmonės meldžiasi dėl savo problemų arba tyliai medituoja, apmąstydami Dievo žodį, o susitarimo maldoje daug žmonių susirinkę šaukiasi Dievo.

Kaip Jėzus sako „jeigu kas iš jūsų susitars žemėje dviese" ir „kur du ar trys susirinkę mano vardu," susitarimo malda reiškia kelių vienminčių meldimąsi. Dievas pažadėjo su džiaugsmu priimti susitarimo maldą, suteikti mums, ko prašysime, ir būti tarp mūsų, kur du ar trys susirinks mūsų Viešpaties vardu.

Kaip atnešti garbę Dievui atsakymais, gautais į susitarimo maldas bažnyčiose, namuose, maldos grupėse ir bažnyčių ląstelėse? Pasigilinkime į susitarimo maldos svarbą ir būdus, kad įgytume galios, gautume iš Dievo viską, ko prašome Jo karalystei, teisumui bei bažnyčiai, ir atneštume Jam daug garbės.

2. Susitarimo maldos svarba

Jėzus pasakė: *"Ir dar sakau jums: jeigu kas iš jūsų susitars žemėje dviese melsti kokio dalyko, jiems mano dangiškasis Tėvas jį suteiks"* (Evangelija pagal Matą 18, 19). Šie žodžiai skamba truputį keistai. Kodėl, užuot kalbėjęs apie vieno, trijų arba dviejų ir daugiau žmonių maldą, Jėzus pasakė: „jeigu kas iš jūsų susitars žemėje dviese melsti kokio dalyko" ir pabrėžė žodį „dviese"?

„Dviese" čia yra santykinis terminas, reiškiantis „aš ir kiti žmonės." Kitaip tariant, „dviese" gali reikšti vieną, dešimt, šimtą ar tūkstantį žmonių šalia manęs.

Kokia tuomet dvasinė žodžio „dviese" prasmė? Mes turime „savąjį aš" ir mumyse gyvenančią Šventąją Dvasią, turinčia savo charakterį. Laiške romiečiams 8, 26 parašyta: *"O ir Dvasia ateina pagalbon mūsų silpnumui. Mes juk nežinome, ko turėtume deramai melsti, todėl pati Dvasia užtaria mus neišsakomais atodūsiais."* Šventoji Dvasia užtaria mus ir padaro mūsų širdį šventykla, kurioje Ji gyvena.

Mes įgyjame Dievo vaikams suteiktą valdžią, kai įtikime Jį ir priimame Jėzų, savo Gelbėtoją. Šventoji Dvasia ateina ir atgaivina mūsų dvasią, kuri buvo mirusi dėl pirmapradės nuodėmės. Todėl visi Dievo vaikai turi savo širdyje savąjį aš ir Šventąją Dvasią su jos charakteriu.

„Susitarti žemėje dviese" reiškia mūsų širdies maldą kartu su mūsų dvasios malda, kuri yra Šventosios Dvasios užtarimas (Pirmas laiškas korintiečiams 14, 15; Laiškas romiečiams 8, 26). „Susitarti žemėje dviese melsti kokio dalyko" reiškia, kad susitarę atnešame Dievui dvi maldas. Jeigu Šventoji Dvasia arba du ar daugiau žmonių prisijungia prie besimeldžiančiojo, tai reiškia, kad jie susitaria žemėje „dviese" melsti kokio dalyko.

Prisimindami susitarimo maldos svarbą turime sulaukti, kol išsipildys Viešpaties pažadas: *„Ir dar sakau jums: jeigu kas iš jūsų susitars žemėje dviese melsti kokio dalyko, jiems mano dangiškasis Tėvas jį suteiks"*

3. Susitarimo maldos būdai

Dievas su džiaugsmu priima ir greitai atsako į susitarimo maldą, parodydamas savo didžią galią, kai žmonės šaukiasi Jo viena širdimi.

Jeigu Šventoji Dvasia ir mes meldžiamės viena širdimi, mes tampame neapsakomo džiaugsmo, ramybės ir begalinės Dievo šlovės versme. Mes galime gauti „atsakymus ugnimi" iš dangaus ir liudyti gyvąjį Dievą. Tačiau tikrai nelengva tapti vienos su širdies su kitais, ir širdžių susitarimas turi labai svarbią reikšmę.

Tarkime, tarnas turi du šeimininkus. Ar jo lojalumas ir širdis nebus pasidalinę? Problema pasunkėja, jeigu šeimininkų charakteriai ir skoniai skirtingi.

Tarkime, du žmonės susitinka kartu suplanuoti renginį. Jeigu jie nesusitars, ir kiekvienas liks prie savo nuomonės, jie nieko gero nepasieks. Jeigu jie dirbs kartu su skirtingais tikslais širdyse, jų planavimas išoriškai gali atrodyti sėkmingas, bet rezultatai bus tikrai liūdni. Todėl vienos širdies turėjimas, meldžiantis vienam arba su kitu ar kitais, yra svarbiausia Dievo atsakymo sąlyga.

Kaip mums tapti vienos širdies žmonėmis?

Žmonės turi melstis susitarę, Šventosios Dvasios įkvėpti, pasidavę Jai ir tapę viena su Ja, melstis Šventojoje Dvasioje (Laiškas efeziečiams 6, 18). Šventoji Dvasia atneša ir įkvepia mums Viešpaties Dievo mintis, nes Ji visa ištiria, net Dievo gelmes (Pirmas laiškas korintiečiams 2, 10), ir užtaria mus pagal Dievo valią (Laiškas romiečiams 8, 27). Kai meldžiamės Šventosios Dvasios vedami, Dievas su džiaugsmu priima mūsų maldas, duoda viską, ko prašome, ir net suteikia tai, ko trokšta mūsų širdis.

Norėdami melstis Šventosios Dvasios pilnatvėje, turime tikėti Dievo Žodžiu be jokios abejonės, paklusti tiesai, visada džiaugtis, nuolat melstis ir visose aplinkybėse dėkoti. Taip pat turime šauktis Dievo iš visos širdies. Kai parodome Dievui darbų lydimą tikėjimą ir grumiamės su tamsos jėgomis maldoje, Dievas maloniai pažvelgia į mus ir suteikia džiaugsmą per Šventąją Dvasią. Tai reiškia „prisipildyti" Šventąja Dvasia ir „būti įkvėptam" Šventosios Dvasios.

Kai kurie naujai įtikėjusieji arba reguliariai nesimeldžiantieji dar nėra patyrę maldos galios, todėl jiems nuobodu ir sunku melstis. Jeigu jie bando pasimelsti valandą, sugalvoja įvairiausių prašymų, bet neįstengia melstis ištisą valandą. Jie pavargsta ir nekantriai laukia, kada baigsis laikas, tuščiai vapendami maldos žodžius. Tai „sielinė malda", kurios Dievas neišklauso.

Daug žmonių, net lankydami bažnyčią daug metų, vis dar meldžiasi tik sielos malda. Dauguma žmonių negauna atsakymų į maldas todėl, kad meldžiasi tik savo siela. Nesakau, kad Dievas neklauso jų maldų. Dievas girdi jų maldas, tik negali atsakyti.

Kas nors gali paklausti „Ar tai reiškia, kad beprasmiška melstis be Šventosios Dvasios įkvėpimo?" Tikrai nebeprasmiška. Net jeigu žmonės meldžiasi tik savo protu, bet karštai šaukiasi Dievo, maldos vartai atsidarys, ir jie įgaus galios melstis dvasia. Maldos vartai neatsidarys be maldos. Dievas klauso net vien sielos maldų ir atveria maldos vartus, kad jūs susivienytumėte su Šventąja Dvasia, melstumėtės Jos įkvėpti ir gautumėte atsakymus į savo ankstesnes maldas.

Tarkime, kad sūnus neklauso tėvo, todėl negauna iš jo, ko prašo. Tačiau vieną dieną pradeda klausyti ir labai džiugina savo tėvą. Kaip tėvas pasielgs su savo sūnumi? Jų santykiai tampa visiškai kitokie negu praeityje. Tėvas duos sūnui viską, ko jis prašys, net ir tai, ko šis prašė praeityje.

Taip pat, jeigu meldžiamės tik savo protu, bet neatlyžtame, ateis laikas, kai gausime maldos galios ir pradėsime melstis, kaip patinka Dievui, maldos vartams atsivėrus. Mes taip pat gausime net tai, ko prašėme praeityje, ir suprasime, kad Dievas nepamiršo nė mažiausios smulkmenos, kurios prašėme maldoje.

Melsdamiesi Šventosios Dvasios pilnatvėje, nepavargstame, nesnaudžiame ir neįsileidžiame pasaulio minčių, bet trykštame tikėjimu ir džiaugsmu. Taip gali melstis ir grupė žmonių, susitarusių melstis, kai jie meldžiasi dvasia su meile, būdami vienos minties ir vienos valios.

Jėzus pasakė: *„Kur du ar trys susirinkę mano vardu, ten ir aš esu tarp jų"* (Evangelija pagal Matą 18, 20). Kai žmonės susirenka melstis Jėzaus Kristaus vardu, Šventąją Dvasią gavę Dievo vaikai iš esmės meldžiasi susitarę, ir mūsų Viešpats tikrai yra tarp jų. Kitaip tariant, kai grupė Šventąją Dvasią gavusių žmonių meldžiasi susitarę, mūsų Viešpats prižiūri jų mintis, suvienija juos Šventąja Dvasia ir daro juos vienminčiais, kad jų malda patiktų Dievui.

Tačiau jeigu susirinkę žmonės neturi vienos širdies, jie

negali melstis nuoširdžiai susitarę, net jeigu visi prašo to paties, nes širdyje nesutaria vienas su kitu. Jei susirinkę žmonės nėra vienširdžiai, vadovas turi skirti laiko šlovinimui ir atgailai, kad susirinkusieji taptų vienos širdies Šventojoje Dvasioje.

Mūsų Viešpats bus su besimeldžiančiais, kai jie taps viena Šventojoje Dvasioje, Jis nukreips jų širdis viena linkme. Kai žmonės meldžiasi nesusitarę, mūsų Viešpats negali būti su jais.

Kai žmonės tampa viena Šventojoje Dvasioje ir meldžiasi susitarę, kiekvienas meldžiasi iš širdies, prisipildo Šventosios Dvasios, juos išpila prakaitas, apima įsitikinimas, kad Dievas jau atsakė, ir užlieja džiaugsmas iš aukštybių. Mūsų Viešpats tikrai yra tarp jų, ir tokia malda labai patinka Dievui.

Tikiuosi, kad jūs visi, susitarę melsdamiesi iš širdies Šventosios Dvasios pilnatvėje, gausite, ko prašote, ir atnešite garbę Dievui, susirinkę maldai namuose ar bažnyčioje.

Susitarimo maldos galia

Vienas iš susitarimo maldos pranašumų yra greitas Dievo atsakymas ir Jo daromi antgamtiški darbai. Pavyzdžiui, vieno žmogaus meldimasis 30 minučių ir dešimties žmonių 30 minučių malda, prašant to paties, atneša labai skirtingus rezultatus. Kai žmonės meldžiasi susitarę, ir Dievas su džiaugsmu priima jų maldą, jie patiria antgamtišką Dievo veikimą ir didžiulę savo maldos galią.

Apaštalų darbai 1, 12-15 pasakoja, kaip po mūsų Viešpaties

prisikėlimo ir įžengimo į dangų būrys tikinčiųjų, įskaitant Jo mokinius, susirinko melstis. Ten buvo apie šimtą dvidešimt žmonių. Nuoširdžiai vildamiesi gauti Šventąją Dvasią, kurią Jėzus jiems pažadėjo, šie žmonės susirinkę meldėsi iki Sekminių.

Atėjus Sekminių dienai, visi mokiniai buvo drauge vienoje vietoje. Staiga iš dangaus pasigirdo ūžesys, tarsi pūstų smarkus vėjas. Jis pripildė visą namą, kur jie sėdėjo. Jiems pasirodė tarsi ugnies liežuviai, kurie pasidaliję nusileido ant kiekvieno iš jų. Visi pasidarė pilni Šventosios Dvasios ir pradėjo kalbėti kitomis kalbomis, kaip Šventoji Dvasia jiems davė prabilti (Apaštalų darbai 2, 1-4).

Ar nenuostabus šis Dievo darbas? Kai šimtas dvidešimt žmonių meldėsi susitarę, kiekvienas iš jų gavo Šventąją Dvasią ir prabilo kitomis kalbomis. Apaštalai taip pat gavo didžią galią iš Dievo, ir po Petro pamokslo apie tris tūkstančius žmonių priėmė Jėzų Kristų ir buvo pakrikštyti (Apaštalų darbai 2, 41). Apaštalai darė daug įvairių stebuklų ir stebuklingų ženklų, atnešdami daug garbės Dievui, todėl tikinčiųjų skaičius kasdien augo, visi laikėsi kartu, šlovino Viešpatį Dievą, ir įtikėjusių gyvenimas keitėsi (Apaštalų darbai 2, 43-47).

Matydami Petrą ir Joną drąsiai kalbant ir patyrę, kad

Susitarimo maldos galia · 87

tai paprasti, nemokyti žmonės, jie labai stebėjosi; jie atpažino juos buvus kartu su Jėzumi, bet, žiūrėdami į stovintį su apaštalais išgydytąjį, neturėjo ką sakyti priešais (Apaštalų darbai 4, 13-14).

Per apaštalų rankas darėsi žmonėse daug ženklų ir stebuklų. Visi jie vieningai rinkdavosi Saliamono stoginėje. Niekas kitas neišdrįsdavo prie jų prisidėti. Žmonės juos labai gerbė. Ir nuolat augo būrys vyrų ir moterų, įtikėjusių Viešpatį. Žmonės net į gatves nešdavo ligonius ir ten guldydavo ant neštuvų bei lovų, kad, Petrui praeinant pro šalį, bent jo šešėlis kristų ant gulinčiųjų. Taip pat iš aplinkinių miestelių daug žmonių keliaudavo į Jeruzalę, gabendami sergančius ir netyrųjų dvasių varginamus, ir visi jie būdavo išgydomi (Apaštalų darbai 5, 12-16).

Susitarimo malda suteikė apaštalams galios drąsiai skelbti Dievo žodį, atverti akis akliesiems, gydyti luošus ir silpnus žmones, prikelti mirusiuosius, gydyti visas ligas ir išvaryti piktąsias dvasias.

Apaštalų darbų knygoje aprašytas apaštalo Petro suėmimas ir įkalinimas, karaliaus Erodo (Agripos I), garsėjusio krikščionybės persekiojimu, valdymo metu. Apaštalų darbuose 12, 5 parašyta: „*Taigi Petras buvo uždarytas kalėjime. O Bažnyčia karštai meldėsi už jį Dievui.* " Kai Petras miegojo, surakintas dviem grandinėmis, bažnyčia susitarusi meldėsi už jį. Išgirdęs bažnyčios maldą Dievas pasiuntė angelą Petro gelbėti.

Paskutinę naktį prieš Erodui perduodant teismui Petrą, šis, supančiotas dviem grandinėmis, miegojo tarp dviejų kareivių, o prie durų sargybiniai sergėjo kalėjimą (Apaštalų darbai 12, 6). Tačiau Dievas parodė savo galybę, išlaisvindamas Petrą iš grandinių ir priversdamas pačius atsidaryti geležinius kalėjimo vartus (Apaštalų darbai 12, 7-10). Atėjęs prie Morkumi vadinamo Jono motinos Marijos namų, Petras pamatė, kad nemažas būrys susirinkęs melžiasi už jį (Apaštalų darbai 12, 12). Šis stebuklas buvo bažnyčios susitarimo maldos rezultatas.

Bažnyčia nieko daugiau nedarė, tik susitarusi meldėsi už įkalintą Petrą. Taip pat ir šiandien, kai sunkumai užgriūna bažnyčią arba ligos užpuola tikinčiuosius, užuot žmogiškai mąstę ir rūpinęsi, Dievo vaikai turi tikėti, kad Jis išvaduos juos iš visų bėdų, susirinkti ir susitarę melstis, būdami vienos širdies ir vienos minties.

Bažnyčios susitarimo malda Dievui tikrai be galo svarbi, Jis labai džiaugiasi susitarimo maldomis ir atsako į jas, darydamas stebuklingus darbus. Ar įsivaizduojate, kaip Viešpats Dievas džiaugiasi, matydamas savo vaikus, kurie susitarę nuoširdžiai maldauja Jo karalystės ir teisumo?

Šventosios Dvasios pripildytiems žmonėms meldžiantis dvasia, susirinkus melstis susitarus, jie patiria galingą Dievo veikimą. Jie gauna stiprybės gyventi pagal Dievo žodį, liudija gyvąjį Dievą kaip ankstyvoji bažnyčia ir apaštalai, plečia Dievo karalystę ir gauna viską, ko prašo.

Prašau atsiminti, kad mūsų Dievas pažadėjo atsakyti mums, kai susitarę maldausime ir prašysime. Tegul kiekvienas iš jūsų gerai supranta susitarimo maldos svarbą, kad su užsidegimu susitiktumėte su kitais melstis Jėzaus Kristaus vardu ir tiesiogiai patirtumėte susitarimo maldos galią, gautumėte Jo stiprybės ir taptumėte brangiais Viešpaties darbininkais, liudijančiais gyvąjį Dievą, meldžiu mūsų Viešpaties vardu!

7 skyrius

Visuomet melskitės ir nepaliaukite

Jėzus pasakė jiems palyginimą, kaip reikia
visuomet melstis ir nepaliauti. Jis pradėjo:

„Viename mieste gyveno teisėjas,
kuris nebijojo Dievo ir nesidrovėjo žmonių.
Tame pačiame mieste gyveno ir našlė, kuri vis eidavo
pas jį ir prašydavo: 'Apgink mane nuo skriaudiko!'
Jis ilgai spyrėsi, bet pagaliau tarė sau:
'Nors aš Dievo nebijau nei žmonių nesidroviu,
vis dėlto, kai šita našlė tokia įkyri,
imsiu ir apginsiu jos teises,
kad, ko gero, ji manęs neapkultų.'"

Ir Viešpats pridūrė: „Įsidėmėkite, ką pasakė
tas nesąžiningas teisėjas.
Tad nejaugi Dievas neapgintų teisių savo išrinktųjų,
kurie jo šaukiasi per dienas ir naktis, ir delstų jiems padėti?!
Aš sakau jums: netrukus jis apgins jų teises.
Bet ar atėjęs Žmogaus Sūnus beras žemėje tikėjimą?"

(Evangelija pagal Luką 18, 1-8)

1. Palyginimas apie įkyriąją našlę

Skelbdamas Dievo žodį minioms mūsų Viešpats Jėzus Kristus be palyginimų nekalbėjo (Evangelija pagal Morkų 4, 33-34).

„Palyginimas apie įkyriąją našlę," kuriuo šis skyrius paremtas, atskleidžia atkaklios maldos svarbą ir moko mus be perstojo melstis ir neatlyžti.

Ar atkakliai meldžiate Dievo atsakymų? Ar nesiliaujate meldęsi ir nepasiduodate, nesulaukę iš Dievo atsakymo?

Gyvenimas kupinas problemų ir sunkumų, didelių ir mažų. Kai evangelizuojame žmones ir pasakojame apie gyvąjį Dievą, vieni ieško Dievo ir pradeda lankyti bažnyčią, kad išspręstų savo problemas, o kiti tiesiog ilgėdamiesi širdies ramybės.

Nepaisant priežasčių, dėl kurių žmonės pradėjo lankytis bažnyčioje, priėmę Jėzų Kristų ir garbindami Dievą jie sužino, kad būdami Dievo vaikai jie gali gauti viską, ko prašo, ir tapti maldos žmonėmis.

Visi Dievo vaikai turi per Jo žodį sužinoti, kokia malda Jam patinka, melstis laikydamiesi pagrindinių maldos principų, turėti tikėjimą ir ištvermingai melstis, kol sulauks Dievo atsakymų. Štai kodėl tikėjimo žmonės supranta maldos svarbą ir nuolat meldžiasi. Jie nenusideda ir nesiliauja meldęsi , net jeigu iš karto negauna atsakymo. Užuot pasidavę, jie dar karščiau meldžiasi.

Tik turintieji tokį tikėjimą gauna atsakymus iš Dievo ir atneša Jam garbę. Nors daug kas vadina save tikinčiaisiais, sunku atrasti žmonių su gyvu tikėjimu. Štai kodėl mūsų Viešpats klausia:

„*Bet ar atėjęs Žmogaus Sūnus beras žemėje tikėjimą?*"

Viename mieste gyveno nedoras teisėjas, pas kurį vis ateidavo našlė ir prašydavo: „Apgink mane nuo skriaudiko!" Šis nesąžiningas teisėjas laukė kyšio, bet vargšė našlė neturėjo kuo net simboliškai jam atsidėkoti. Tačiau našlė vis ėjo pas teisėją ir maldavo padėti, o šis atsisakinėjo. Paskui vieną dieną jis persigalvojo. Ar žinote kodėl? Paklausykite, ką nedoras teisėjas sau pasakė:

„*Nors aš Dievo nebijau nei žmonių nesidroviu, vis dėlto, kai šita našlė tokia įkyri, imsiu ir apginsiu jos teises, kad, ko gero, ji manęs neapkultų*" (Evangelija pagal Luką 18, 4-5)

Našlė nepasidavė ir taip atkakliai prašė pagalbos, kad net šis nesąžiningas teisėjas nusileido jam įkyrėjusiai našlei.

Baigdamas šį palyginimą Jėzus atskleidė Dievo atsakymų į mūsų maldas paslaptį: „*Įsidėmėkite, ką pasakė tas nesąžiningas teisėjas. Tad nejaugi Dievas neapgintų teisių savo išrinktųjų, kurie jo šaukiasi per dienas ir naktis, ir delstų jiems padėti?! Aš sakau jums: netrukus jis apgins jų teises.*"

Jeigu net nedoras teisėjas padėjo našlei, ar teisingasis Dievas neatsakys savo vaikams, kurie Jo šaukiasi? Jeigu bėdai užgriuvus jie duoda įžadą gauti Viešpaties atsakymą, pasninkauja ir visą naktį šaukiasi Jo maldoje, ar Dievas atsisakytų jiems padėti? Neabejoju, kad daug kas iš jūsų girdėjo apie Dievo atsakymus į Jo vaikų, davusių maldos įžadus, prašymus.

Dievas sako mums Psalmyne 50, 15: „*Šaukis manęs vargo dieną; išgelbėsiu tave, ir tu mane šlovinsi.*" Kitaip tariant, atsakydamas į maldą Dievas nori, kad šlovintume Jį. Jėzus primena mums Evangelijoje pagal Matą 7, 11: „*Tad jei jūs, būdami nelabi, mokate savo vaikams duoti gerų daiktų, juo labiau jūsų dangiškasis Tėvas duos gera tiems, kurie jį prašo.*" Ar galėtų Dievas, kuris atidavė savo viengimį Sūnų mirti už mus, neatsakyti į savo mylimų vaikų maldas? Dievas trokšta greitai atsakyti savo vaikams, kurie Jį myli.

Tai kodėl tiek daug žmonių sako, kad Dievas neatsako į jų maldas? Evangelijoje pagal Matą 7, 7-8 Dievo žodis aiškiai sako: „*Prašykite, ir jums bus duota, ieškokite, ir rasite, belskite, ir bus jums atidaryta. Kiekvienas, kas prašo, gauna, kas ieško, randa, ir beldžiančiam atidaroma.*" Štai kodėl mūsų maldos negali likti neatsakytos. Tačiau Dievas negali atsakyti į mūsų maldą, kai nuodėmės siena skiria mus nuo Jo, nes nepakankamai meldėmės arba dar neatėjo laikas gauti iš Jo atsakymus.

Turime visuomet melstis ir nepaliauti, nes kai ištvermingai meldžiamės su tikėjimu, Šventoji Dvasia per mūsų atgailą sugriauna sieną, skiriančią mus nuo Dievo, ir atveria kelią Dievo atsakymams. Kai mūsų maldų kiekis bus pakankamas Dievo akyse, Jis tikrai mums atsakys.

Evangelijoje pagal Luką 11, 5-8 Jėzus dar kartą moko mus

ištvermės ir atkaklumo:

> *Kas nors iš jūsų turės draugą ir, nuėjęs pas jį vidurnaktį, sakys: 'Bičiuli, paskolink man tris kepaliukus duonos, nes draugas iš kelionės pas mane atvyko ir aš neturiu ko jam padėti ant stalo.' O anas iš vidaus atsilieps: 'Nekvaršink manęs! Durys jau uždarytos, o aš su vaikais lovoje, negaliu keltis ir tau duoti.' Aš jums sakau: jeigu nesikels ir neduos jam duonos dėl bičiulystės, tai dėl jo įkyrumo atsikels ir duos, kiek tik jam reikia.*

Jėzus moko mus, kad Dievas nebūna abejingas ir atsako į įkyrius savo vaikų prašymus. Turime melstis Dievui drąsiai ir atkakliai. Tačiau turime ne užsispyrę reikalauti, bet melstis su tvirtu tikėjimu. Biblija dažnai mini daugelį tikėjimo protėvių, kurių tikėjimo maldos buvo išklausytos.

Jokūbas prie Jaboko upės grūmėsi su angelu iki aušros, karštai meldėsi ir reikalavo palaiminimo bet kokia kaina: „Nepaleisiu tavęs, kol manęs nepalaiminsi" (Pradžios knyga 32, 26), ir Dievas suteikė palaiminimą Jokūbui. Nuo tos akimirkos Jokūbas buvo vadinamas Izraeliu ir tapo izraelitų protėviu.

Evangelija pagal Matą 15-ame skyriuje pasakoja apie moterį kanaanietę, kurios duktė kentėjo demonų apsėsta. Kai moteris pirmą kartą atėjo pas Jėzų ir šaukė: „*Pasigailėk manęs,*

Viešpatie, Dovydo Sūnau! Mano dukterį baisiai kankina demonas!" Jėzus neištarė nė žodžio (Evangelija pagal Matą 15, 22-23). Kai ji atėjo antrą kartą, atsiklaupė prieš Jį ir meldė pasigailėjimo, Jėzus tarė: *„Aš esu siųstas tik pas pražuvusias Izraelio namų avis,"* ir atmetė jos prašymą (Evangelija pagal Matą 15, 25-26). Kai moteris dar kartą įkyriai kreipėsi į Jėzų: *„Taip, Viešpatie, bet ir šunyčiai ėda trupinius, nukritusius nuo šeimininko stalo,"* Jėzus tarė jai: *„O moterie, didis tavo tikėjimas! Tebūnie tau, kaip prašai"* (Evangelija pagal Matą 15, 27-28).

Mes taip pat turime sekti savo tikėjimo protėvių pėdomis, vadovaudamiesi Dievo žodžiu, ir visuomet melstis. Turime melstis su tikėjimu, tvirtu įsitikinimu ir karšta širdimi. Tikėjimu į Dievą, kuris leidžia mums pjauti, ką pasėjome, tinkamu laiku, turime tapti tikrais Kristaus sekėjais savo maldos gyvenime ir niekada nepaliauti meldęsi.

2. Kodėl turime visuomet melstis

Kaip žmogus negali likti gyvas nekvėpuodamas, taip Dievo vaikai, gavę Šventąją Dvasią, negali ateiti į amžinojo gyvenimo karalystę nesimelsdami. Malda yra dialogas su gyvuoju Dievu ir mūsų dvasios kvėpavimas. Jeigu Dievo vaikai, gavę Šventąją Dvasią, nebendrauja su Juo, jie užgesina savyje Šventosios Dvasios ugnį, nebegali eiti gyvenimo keliu, nuklysta į mirties kelią ir galiausiai praranda sielos išgelbėjimą.

Tačiau maldoje bendraudami su Dievu, mes pasieksime išganymą, klausydami Šventosios Dvasios balso ir mokydamiesi gyventi pagal Dievo valią. Jei susidursime su sunkumais savo kelyje, Dievas parodys mums, kaip jų išvengti. Jis veiks visose aplinkybėse, kad viskas išeitų mums į gera. Melsdamiesi patiriame visagalio Dievo galybę, stiprinančią mus ir leidžiančią nugalėti priešą velnią, kad atneštume garbę Jam savo tvirtu tikėjimu, kuriam nieko nėra neįmanomo.

Todėl Šventasis Raštas primygtinai ragina mus be paliovos melstis (Pirmas laiškas tesalonikiečiams 5, 17) nes to Dievas nori iš mūsų (Pirmas laiškas tesalonikiečiams 5, 18). Jėzus parodė mums maldos gyvenimo pavyzdį nuolat melsdamasis pagal Dievo valią, nepriklausomai nuo laiko ir vietos. Jis meldėsi dykumoje, ant kalno ir daugelyje kitų vietų, kartais iki aušros per visą naktį.

Nuolatos melsdamiesi mūsų tikėjimo protėviai gyveno pagal Dievo valią. Pranašas Samuelis sako: *„Be to, gink Dieve, nusidėti VIEŠPAČIUI ir liautis melstis už jus. Aš ir toliau mokysiu jus gero ir doro kelio"* (Samuelio pirma knyga 12, 23). Malda yra Dievo valia ir Jo įsakymas, Samuelis mums sako, kad nesimeldimas yra nuodėmė.

Kai liaujamės meldęsi ar padarome pertrauką savo maldos gyvenime, pasaulio mintys įsiskverbia į mūsų protą ir neleidžia gyventi pagal Dievo valią, didelės bėdos užgriūna mus, nes netenkame Dievo apsaugos. Patekę į pagundą žmonės murma prieš Dievą arba nueina klystkeliais.

Todėl Petro pirmas laiškas 5, 8-9 mums primena: *„Būkite blaivūs, budėkite! Jūsų priešas velnias kaip riaumojantis liūtas slankioja aplinkui, tykodamas ką praryti. Pasipriešinkite jam tvirtu tikėjimu, žinodami, kad tokius pat kentėjimus tenka iškęsti jūsų broliams visame pasaulyje"* ir ragina mus visuomet melstis. Melskimės ne tik susidūrę su problemomis, bet visuomet, kad būtume Dievo palaiminti vaikai, kurių gyvenime viskas sekasi.

3. Atėjus metui pjausime derlių

Laiške galatams 6, 9 parašyta: *„Nepailskime daryti gera; jei neaptingsime, atėjus metui pjausime derlių!"* Tas pats ir su malda. Kai visuomet meldžiamės pagal Dievo valią ir neatlyžtame, atėjus metui pjausime derlių.

Jeigu ūkininkas pasėjęs sėklas netenka kantrybės ir netrukus jas iškasa arba neprižiūri daigų ir nelaukia pjūties meto, ar jis pjaus derlių? Pasiaukojimas ir ištvermė yra būtini, kad sulauktume atsakymų į savo maldas.

Be to, pjūties metas priklauso ir pasėtų sėklų rūšies. Vienos sėklos atneša vaisių po kelių mėnesių, kitos po daug metų. Daržovės ir javai daug greičiau subrandina derlių, negu obelys arba retieji augalai, pavyzdžiui, ženšenis. Retesnių ir brangesnių augalų užauginimui reikia daugiau laiko ir priežiūros. Turite suprasti, kad didesnių ir rimtesnių bėdų įveikimui reikia daugiau maldų. Kai pranašas Danielius, regėjime išvydęs Izraelio ateitį, tris savaites gedėjo ir meldėsi, Dievas išklausė Danieliaus maldą pirmą dieną ir pasiuntė angelą pranešti jam apie tai (Danieliaus knyga 10, 12). Tačiau oro kunigaikštis priešinosi angelui dvidešimt vieną dieną, ir tik paskui Danielius gavo Dievo siųstą atsakymą (Danieliaus knyga 10, 13-14). Kas būtų atsitikę, jeigu Danielius būtų pasidavęs ir liovęsis melstis? Nors Danielius buvo nusiminęs ir nusilpęs po savo regėjimo, jis atkakliai meldėsi ir galiausiai gavo Dievo atsakymą.

Kai ištvermingai tikime ir meldžiamės, kol gauname Jo atsakymus, Dievas atsiunčia mums padėjėją, atnešantį Jo atsakymus. Angelas, atnešęs Dievo atsakymus pranašui Danieliui, pasakė: *„Bet Persijos karalystės didžiūnas dvidešimt vieną dieną buvo man priešingas. Tikėk manimi, man padėti atėjo Mykolas, vienas iš vyriausių didžiūnų. Aš palikau jį ten su Persijos karalystės didžiūnu ir atėjau padėti tau suprasti, kas turi atsitikti tavo tautai dienų pabaigoje"* (Danieliaus knyga 10, 13-14).

Dėl kokių problemų jūs meldžiatės? Ar jūsų maldos pasiekia Dievo sostą? Norėdamas suprasti Dievo jam parodytą regėjimą Danielius nusprendė nusižeminti ir nevalgė gardžių valgių, neėmė į burną nei mėsos, nei vyno, nesitepė aliejais ištisas tris savaites (Danieliau knyga 10, 3). Danielius nusižemino ir tris savaites meldėsi davęs įžadą, o Dievas išklausė jo maldą ir atsakė jau pirmą dieną.

Atkreipkite dėmesį į faktą, kad nors Dievas išklausė Danieliaus maldą ir atsakė savo pranašui pirmą dieną, Jo atsakymas pasiekė Danielių po trijų savaičių. Daug žmonių, susidūrę su rimta problema, pasimeldžia dieną ar dvi ir pasiduoda. Tai rodo mažą tikėjimą.

Šiandien mūsų kartos žmonėms labiausiai reikia širdies, tikinčios tik į mūsų Dievą, kuris tikrai mums atsako, atkaklumo ir maldos, nepaisant laiko, kada ateis Dievo atsakymas. Kaip galime tikėtis gauti Dievo atsakymus be atkaklumo?

Dievas duoda mums rudens bei pavasario lietaus ir nustato pjūties metą (Jeremijo knyga 5, 24). Štai kodėl Jėzus pasakė: *„Todėl sakau jums: ko tik melsdamiesi prašote, tikėkite gavę, ir tikrai taip bus"* (Evangelija pagal Morkų 11, 24). Danielius tikėjo į Dievą, kuris išklauso maldas, todėl ištvermingai meldėsi ir neatlyžo, kol negavo Dievo atsakymo.

Biblija sako: *„Tikėjimas laiduoja mums tai, ko viliamės, įrodo tikrovę, kurios nematome"* (Laiškas hebrajams 11, 1). Tas, kas liovėsi meldęsis, nesulaukęs Dievo atsakymo, tegul negalvoja, kad turi tikėjimą ir gaus Dievo atsakymą. Jeigu jis turėtų tikrą tikėjimą, nepasiduotų dabarties aplinkybėms, bet nuolatos atkakliai melstųsi ir neatlyžtų, nes tikėtų, kad Dievas, kuris leidžia mums pjauti, ką pasėjame, ir atlygina už tai, ką padarome, tikrai atsakys jam.

Kaip parašyta Laiške efeziečiams 5, 7-8: „Nebūkite jų bendrai! Juk kadaise jūs buvote tamsa, o dabar esate šviesa Viešpatyje. Tad elkitės kaip šviesos vaikai," tegul kiekvienas iš jūsų įgyja tikrą tikėjimą, ištvermingai meldžiasi visagaliam Dievui, gauna viską, ko prašo maldoje, ir gyvena kupiną Dievo palaimos gyvenimą, meldžiuosi už jus mūsų Viešpaties ir Gelbėtojo Jėzaus Kristaus vardu!

Autorius:
Dr. Jaerock Lee

Dr. Jaerock Lee gimė 1943 metais Korėjos Respublikos Jonams provincijoje. Būdamas dvidešimties jis jau septynerius metus sirgo daugybe nepagydomų ligų ir laukė mirties, neturėdamas vilties pasveikti. Tačiau 1974 metais jo sesuo nusivedė jį į vieną bažnyčią, ir kai jis atsiklaupė pasimelsti, Gyvasis Dievas iš karto išgydė jį nuo visų ligų.

Nuo tos akimirkos, kai dr. Lee susitiko su Gyvuoju Dievu, jis pamilo Dievą visa savo širdimi ir 1978 m. jis buvo pašauktas Dievo tapti Jo tarnu. Jis karštai meldėsi, norėdamas aiškiai sužinoti Dievo valią, visiškai ją įvykdyti ir paklusti visam Dievo Žodžiui. 1982 m. jis įsteigė Manmin centrinę bažnyčią Seule, Korėjoje, ir nuo to laiko joje vyksta nesuskaičiuojami Dievo darbai – antgamtiški išgydymai ir stebuklai.

1986 m. kasmetinės Korėjos Jėzaus Bažnyčios „Sunkiu" asamblėjos metu dr. Lee buvo įšventintas pastoriumi, o 1990 m. – praėjus tik ketveriems metams – jo pamokslai buvo transliuojami Australijoje, Rusijoje, Filipinuose ir daugelyje kitų šalių Tolimųjų Rytų radijo transliacijų kompanijos, Azijos radijo transliacijų stoties ir Vašingtono krikščionių radijo sistemos dėka.

Po trejų metų, 1993, Manmin centrinė bažnyčia buvo išrinkta Amerikos žurnalo „Christian World" viena iš „50 geriausių pasaulio bažnyčių", ir jis gavo teologijos garbės daktaro laipsnį Krikščionių Tikėjimo Koledže, Floridoje, JAV, o 1996 m. Teologijos seminarijos „Kingsway" (Ajova, JAV), dvasinės tarnystės daktaro laipsnį.

Nuo 1993 m. dr. Lee tapo pasaulinių misijų lyderiu, rengdamas daug evangelizacinių kampanijų Tanzanijoje, Argentinoje, Los Andžele, Baltimorėje, Havajuose, Niujorke, Ugandoje, Japonijoje, Pakistane, Kenijoje, Filipinuose, Hondūre, Indijoje, Rusijoje, Vokietijoje, Peru, Kongo Demokratinėje Respublikoje, Izraelyje ir Estijoje.

2002 m. Korėjos pagrindinių krikščioniškų laikraščių už savo veiklą įvairiose Didžiosiose jungtinėse evangelizacinėse kampanijose jis buvo pavadintas „pasaulinio masto pastoriumi". Jis surengė „Niujorko evangelizacinę kampaniją 2006" garsiausioje pasaulio arenoje „Madison Square Garden." Šis renginys buvo transliuojamas 220 tautų, o savo „Izraelio vieningoje evangelizacinėje kampanijoje 2009", kuri vyko Jeruzalės tarptautiniame konvencijų centre (ICC), jis drąsiai skelbė, kad Jėzus Kristus yra Mesijas ir Gelbėtojas.

Jo pamokslai transliuojami į 176 šalis per palydovus, įskaitant GCN TV. Populiarus Rusijos krikščioniškas žurnalas „Pergalėje" ir naujienų agentūra „Christian Telegraph" už jo tarnystę per TV ir misionierišką veiklą įtraukė jį į įtakingiausių krikščionių vadovų dešimtuką 2009 ir 2010 metais.

2013 metų gegužės mėnesio duomenimis, Manmin Centrinei Bažnyčiai priklauso daugiau negu 120 000 narių. Visame pasaulyje yra 10 000 dukterinių bažnyčių, įskaitant 56 vietos bažnyčias, daugiau negu 129 misionieriai buvo paskirti darbui 23 šalyse, įskaitant Jungtines Valstijas, Rusiją, Vokietiją, Kanadą, Japoniją, Kiniją, Prancūziją, Indiją, Keniją ir daug kitų šalių.

Šios knygos išleidimo metu, Dr. Lee buvo parašęs 85 knygas, įskaitant bestselerius „Patirti amžinąjį gyvenimą anksčiau už mirtį", „Mano gyvenimas, mano tikėjimas 1 ir 2", „Kryžiaus žinia", „Tikėjimo mastas", „Dangus 1 ir 2", „Pragaras" ir „Dievo jėga". Jo darbai išversti į daugiau negu 75 kalbas.

Jo krikščioniški straipsniai spausdinami šiuose leidiniuose: „The Hankook Ilbo", „The JoongAng Daily", „The Dong-A Ilbo", „The Munhwa Ilbo", „The Seoul Shinmun", „The Kyunghyang Shinmun", „The Hankyoreh Shinmun", „The Korea Economic Daily", „The Korea Herald", „The Shisa News" ir „The Christian Press".

Šiuo metu Dr. Lee yra daugelio misijų organizacijų ir asociacijų vadovas: Jėzaus Kristaus jungtinės šventumo bažnyčios pirmininkas, Manmin pasaulinės misijos pirmininkas, Pasaulinės krikščionybės prabudimo misijų asociacijos nuolatinis pirmininkas, Manmin, Pasaulinio krikščionių tinklo (GCN) steigėjas ir tarybos pirmininkas, Pasaulio krikščionių gydytojų tinklo (WCDN) steigėjas ir tarybos pirmininkas, Tarptautinės Manmin seminarijos (MIS) steigėjas ir tarybos pirmininkas.

Kitos vertingos to paties autoriaus knygos

Dangus I & II

Žavios gyvenimo aplinkos, kurioje gyvena Dangaus piliečiai, detalus aprašymas ir puikus skirtingų dangaus karalystės lygių pavaizdavimas.

Žinia apie Kryžių

Stiprus ir širdį žadinantis pamokslas visiems, kurie dvasiškai užmigo. Skaitydami šią knygą sužinosite, kodėl Jėzus yra mūsų vienintelis Išgelbėtojas ir patirsite tikrą Dievo meilę.

Pragaras

Nuoširdus pamokslas visiems žmonėms nuo paties Dievo, kuris nori, kad nei viena siela nepatektų į pragaro gelmes! Sužinosite apie visai Jums nepažįstamą pragaro gelmių realybę.

Dvasia, Siela ir Kūnas I & II

Dvasiškai supratę dvasią, sielą ir kūną, kurie yra sudedamosios žmonių dalys, skaitytojai galės pažvelgti į save ir suprasti žmonių gyvenimą. Ši knyga rodo skaitytojams, kaip tapti dieviškosios prigimties dalininkais ir gauti visus Dievo pažadėtus palaiminimus.

Tikėjimo Saikas

Kokia buveinė, karūna ir apdovanojimai laukia Jūsų Danguje? Ši knyga išmintingai ir kryptingai padės Jums nustatyti savo tikėjimo saiką ir išugdyti geriausią ir brandžiausią tikėjimą.

Pabusk, Izraeli

Kodėl Dievas nenuleidžia Savo akių nuo Izraelio nuo pat pasaulio pradžių iki šios dienos? Koks Jo planas yra paruoštas Izraeliui paskutinėmis dienomis, kai jie laukia Mesijo?

Mano Gyvenimas, Mano Tikėjimas I & II

Gardžiausias dvasinis aromatas, sklindantis iš gyvenimo, kuris žydėjo neprilygstama meile Dievui tamsių bangų, šalto jungo ir neapsakomos nevilties laikais.

Dievo Jėga

Šią knygą būtina perskaityti tiems, kurie ieško atsakymų į tai, kaip įgyti tikrą tikėjimą ir patirti stebuklų kupiną Dievo jėgą.

www.urimbooks.com

www.ingramcontent.com/pod-product-compliance
Lightning Source LLC
LaVergne TN
LVHW051952060526
838201LV00059B/3615